MF0490_3

GESTIÓN DE SERVICIOS DEL SISTEMA INFORMÁTICO

2ª Edición / 2026

MF0490_3

GESTIÓN DE SERVICIOS DEL SISTEMA INFORMÁTICO

2ª Edición / 2026

Grupo Montepinar

La ley prohíbe
fotocopiar este libro

MF0490_3 - GESTIÓN DE SERVICIOS DEL SISTEMA INFORMÁTICO. 2ª Edición / 2026
Código THEMA: UNH
Código BISAC: COM051230
© Grupo Montepinar
© De la edición: Ra-Ma 2026

Editado por:
RA-MA Editorial
Calle Jarama, 33, Polígono Industrial Igarsa
28860 PARACUELLOS DE JARAMA, Madrid
Teléfono: 91 658 42 80
Fax: 91 662 81 39
Correo electrónico: *info@grupoeditorialrama.com*
Internet: *www.ra-ma.es* y *www.ra-ma.com*
ISBN impreso: 979-13-88059-95-7
Depósito legal: M-9915-2026
Maquetación: Antonio García Tomé
Diseño de portada: Antonio García Tomé
Filmación e impresión: Safekat
Impreso en España en abril de 2026

ÍNDICE

CAPÍTULO 1. GESTIÓN DE LA SEGURIDAD Y NORMATIVAS...............................**9**

1.1   MARCOS NORMATIVOS Y ESTÁNDARES DE SEGURIDAD 10

    1.1.1   Normas internacionales de seguridad de la información.......................10

    1.1.2   Marcos de gestión de servicios TI..15

1.2   NORMATIVA LEGAL VIGENTE EN PROTECCIÓN DE DATOS 16

    1.2.1   Legislación europea y nacional 17

    1.2.2   Cumplimiento normativo y auditoría 22

1.3   SEGURIDAD FÍSICA Y ORGANIZATIVA 24

    1.3.1   Normativas y buenas prácticas...25

1.4   ACTIVIDADES..30

1.5   CUESTIONARIO 34

CAPÍTULO 2. ANÁLISIS DE LOS PROCESOS DE SISTEMAS...........................**37**

2.1   PROCESOS DE NEGOCIO Y SISTEMAS DE INFORMACIÓN 38

    2.1.1   Identificación de procesos soportados por TI...................................39

    2.1.2   Relación entre procesos y activos 46

2.2   CARACTERÍSTICAS DE LOS PROCESOS ELECTRÓNICOS......................52

    2.2.1   Estados y gestión de procesos 54

    2.2.2   Gestión de recursos del sistema 60

2.3   MONITORIZACIÓN DEL SISTEMA OPERATIVO....................................64

    2.3.1   Herramientas de monitorización 65

    2.3.2   TÉCNICAS DE GESTIÓN DE RECURSOS 68

2.4   ACTIVIDADES..73

2.5   CUESTIONARIO 77

CAPÍTULO 3. SISTEMAS DE ALMACENAMIENTO **81**

   3.1   TIPOS DE ALMACENAMIENTO 82

       3.1.1   Dispositivos físicos 82

       3.1.2   Almacenamiento en la nube 89

   3.2   SISTEMAS DE ARCHIVOS..95

       3.2.1   Tipos de sistemas de archivos 96

   3.3   GESTIÓN DEL ALMACENAMIENTO 101

       3.3.1   Organización y estructura..102

       3.3.2   Herramientas de gestión 106

   3.4   ACTIVIDADES..110

   3.5   CUESTIONARIO 114

CAPÍTULO 4. MÉTRICAS E INDICADORES DE RENDIMIENTO **117**

   4.1   DEFINICIÓN DE MÉTRICAS 117

       4.1.1   Indicadores clave (KPI)..119

   4.2   MONITORIZACIÓN DEL RENDIMIENTO 124

       4.2.1   Recolección de datos 126

       4.2.2   Análisis y visualización 130

   4.3   ACTIVIDADES..134

   4.4   CUESTIONARIO 137

CAPÍTULO 5. MONITORIZACIÓN DE SISTEMAS Y COMUNICACIONES **141**

   5.1   INFRAESTRUCTURA DE RED 142

       5.1.1   Dispositivos de comunicaciones 142

   5.2   PROTOCOLOS Y SERVICIOS 148

       5.2.1   Protocolos de red 150

   5.3   HERRAMIENTAS DE MONITORIZACIÓN 153

       5.3.1   Herramientas clásicas y modernas 154

       5.3.2   Sistemas SIEM 160

   5.4   ACTIVIDADES..163

   5.5   CUESTIONARIO 167

CAPÍTULO 6. SISTEMAS DE REGISTRO (LOGGING) **171**

   6.1   REQUISITOS DE REGISTRO 171

       6.1.1   Niveles y retención...172

   6.2   SEGURIDAD DE LOS REGISTROS..177

       6.2.1   Integridad y confidencialidad 178

   6.3   ARQUITECTURAS DE ALMACENAMIENTO 182

       6.3.1   Soluciones modernas 183

   6.4   ACTIVIDADES..187

   6.5   CUESTIONARIO 190

CAPÍTULO 7. CONTROL DE ACCESOS E IDENTIDADES..................................**193**

7.1   GESTIÓN DE ACCESOS 193

    7.1.1   Modelos de control..194

7.2   GESTIÓN DE IDENTIDADES 200

    7.2.1   Sistemas IAM...202

    7.2.2   Autenticación moderna 206

7.3   SEGURIDAD Y CUMPLIMIENTO 209

    7.3.1   Requisitos legales..210

7.4   ACTIVIDADES...213

7.5   CUESTIONARIO 217

CAPÍTULO 8. GESTIÓN DE INCIDENTES Y RESPUESTA A INCIDENTES DE SEGURIDAD **221**

8.1   GESTIÓN DE INCIDENTES..222

    8.1.1   Concepto y clasificación..222

    8.1.2   Ciclo de vida del incidente 226

8.2   RESPUESTA A INCIDENTES DE SEGURIDAD 230

    8.2.1   Plan de respuesta 230

8.3   ANÁLISIS FORENSE BÁSICO..236

    8.3.1   Uso de Logs y SIEM 237

8.4   MEJORA CONTINUA Y LECCIONES APRENDIDAS 240

    8.4.1   Revisión post-incidente 241

8.5   ACTIVIDADES...244

8.6   CUESTIONARIO 247

CAPÍTULO 9. GOBIERNO DE LA SEGURIDAD Y GESTIÓN DEL RIESGO **251**

9.1   GESTIÓN DE RIESGOS 251

    9.1.1   Identificación de riesgos..253

    9.1.2   Análisis y evaluación 254

    9.1.3   Tratamiento del riesgo...256

9.2   POLÍTICAS DE SEGURIDAD...257

    9.2.1   Definición...257

    9.2.2   Implementación..259

9.3   MARCOS DE REFERENCIA..261

    9.3.1   ISO 27001 262

    9.3.2   ENS (Esquema Nacional de Seguridad)..............................264

9.4   SEGURIDAD EN CLOUD 267

    9.4.1   Modelos de responsabilidad 267

    9.4.2   Control de accesos en cloud 269

9.5   DEVSECOPS...270

    9.5.1   Integración de seguridad 271

    9.5.2   Automatización 273

9.6   ACTIVIDADES...274

9.7   CUESTIONARIO 278

1

GESTIÓN DE LA SEGURIDAD Y NORMATIVAS

La gestión de la seguridad de la información constituye un elemento esencial dentro de las organizaciones modernas, especialmente en un entorno caracterizado por la digitalización, la interconexión de sistemas y el incremento constante de amenazas cibernéticas. La protección de la información no solo responde a una necesidad técnica, sino también a una exigencia legal, organizativa y estratégica.

En este contexto, las organizaciones deben adoptar un enfoque sistemático que les permita identificar riesgos, establecer controles adecuados y garantizar la confidencialidad, integridad y disponibilidad de la información. Para ello, resulta imprescindible apoyarse en marcos normativos y estándares reconocidos internacionalmente, que proporcionan directrices claras y estructuradas para la implantación de sistemas de gestión de la seguridad.

1.1 MARCOS NORMATIVOS Y ESTÁNDARES DE SEGURIDAD

Los marcos normativos y estándares de seguridad constituyen el conjunto de referencias que orientan a las organizaciones en la implantación de medidas de protección de la información. Estos estándares permiten establecer un lenguaje común, definir buenas prácticas y asegurar que la gestión de la seguridad se realiza de forma coherente y alineada con las exigencias internacionales.

La adopción de estos marcos facilita:

▼ La identificación y gestión de riesgos.

▼ La implementación de controles de seguridad adecuados.

▼ El cumplimiento de requisitos legales y regulatorios.

▼ La mejora continua de los sistemas de seguridad.

Además, su aplicación permite a las organizaciones demostrar su compromiso con la seguridad de la información frente a clientes, proveedores y organismos reguladores.

1.1.1 Normas internacionales de seguridad de la información

Las normas internacionales de seguridad de la información son estándares desarrollados por organismos especializados que establecen las mejores prácticas para la protección de los activos de información. Entre ellas, destacan las normas de la familia ISO/IEC 27000, ampliamente reconocidas a nivel mundial.

Estas normas proporcionan un marco estructurado que permite a las organizaciones:

▼ Establecer políticas de seguridad.

▼ Identificar y gestionar riesgos.

▼ Implementar controles de seguridad.

▼ Evaluar y mejorar continuamente su sistema de gestión.

Dentro de esta familia, una de las normas más relevantes es la ISO/IEC 27002, que recoge un conjunto detallado de controles y buenas prácticas aplicables a distintos ámbitos de la seguridad de la información.

1.1.1.1 ISO/IEC 27002: CÓDIGO DE BUENAS PRÁCTICAS ACTUALIZADO

La ISO/IEC 27002 es una norma internacional que establece un código de buenas prácticas para la gestión de la seguridad de la información. Su objetivo principal es proporcionar directrices para la selección, implementación y gestión de controles de seguridad, adaptados a las necesidades específicas de cada organización.

Esta norma no es certificable por sí misma, sino que actúa como complemento de otras normas, especialmente de la ISO/IEC 27001, sirviendo como guía práctica para la implantación de controles dentro de un Sistema de Gestión de Seguridad de la Información (SGSI).

Características principales

La ISO/IEC 27002 se caracteriza por:

- Ofrecer un catálogo estructurado de controles de seguridad.
- Ser flexible y adaptable a diferentes tipos de organizaciones.
- Estar alineada con la gestión de riesgos.
- Incorporar un enfoque basado en la mejora continua.

Además, su versión más reciente introduce una organización más clara de los controles, agrupándolos en categorías que facilitan su comprensión y aplicación.

Estructura de la norma

La norma organiza los controles en cuatro grandes bloques:

- Controles organizativos: relacionados con políticas, gestión de riesgos y gobierno de la seguridad.
- Controles de personas: centrados en la concienciación, formación y responsabilidades del personal.
- Controles físicos: orientados a la protección de instalaciones y equipos.
- Controles tecnológicos: enfocados en la protección de sistemas, redes y datos.

Esta estructura permite abordar la seguridad de forma integral, cubriendo tanto aspectos técnicos como organizativos y humanos.

Principales áreas de control

Entre las áreas más relevantes que aborda la ISO/IEC 27002 destacan:

▶ Gestión de accesos a la información.

▶ Seguridad en las operaciones.

▶ Protección frente a malware y amenazas externas.

▶ Gestión de incidentes de seguridad.

▶ Seguridad en las comunicaciones.

▶ Protección de datos y privacidad.

Cada una de estas áreas incluye controles específicos que deben ser evaluados y aplicados en función del nivel de riesgo de la organización.

Aplicación práctica en las organizaciones

La implementación de la ISO/IEC 27002 implica:

▶ Identificar los activos de información.

▶ Analizar los riesgos asociados.

▶ Seleccionar los controles adecuados.

▶ Implantar medidas de seguridad proporcionales.

▶ Supervisar y revisar su eficacia.

No todos los controles son obligatorios, sino que deben aplicarse en función del contexto, tamaño y necesidades de la organización.

Beneficios de su aplicación

La adopción de la ISO/IEC 27002 aporta numerosas ventajas:

▶ Mejora la protección de la información.

▶ Reduce el riesgo de incidentes de seguridad.

▶ Facilita el cumplimiento normativo.

▶ Incrementa la confianza de clientes y socios.

▶ Refuerza la imagen corporativa.

1.1.1.2 ISO/IEC 27001: SISTEMAS DE GESTIÓN DE SEGURIDAD DE LA INFORMACIÓN (SGSI)

La ISO/IEC 27001 es la norma internacional que establece los requisitos para implantar, mantener y mejorar de forma continua un Sistema de Gestión de Seguridad de la Información (SGSI). A diferencia de la ISO/IEC 27002, esta norma es certificable, lo que permite a las organizaciones demostrar formalmente que cumplen con un estándar reconocido a nivel internacional.

El SGSI se basa en un enfoque sistemático de gestión de riesgos, lo que implica identificar, analizar y tratar los riesgos que afectan a la seguridad de la información. Este enfoque permite adaptar las medidas de seguridad a las necesidades reales de la organización, evitando tanto la sobreprotección como la falta de control.

Estructura y enfoque

La ISO/IEC 27001 adopta una estructura basada en el ciclo de mejora continua (PDCA: Plan, Do, Check, Act):

- Plan (Planificar): identificación de riesgos y definición de políticas de seguridad.

- Do (Hacer): implementación de controles y medidas de seguridad.

- Check (Verificar): evaluación del rendimiento del sistema.

- Act (Actuar): mejora continua del SGSI.

Este enfoque garantiza que la seguridad de la información no sea un proceso estático, sino dinámico y adaptado a los cambios del entorno.

Elementos clave del SGSI

Entre los principales elementos que define la norma destacan:

- Política de seguridad de la información.

- Análisis y gestión de riesgos.

- Declaración de aplicabilidad (SoA).

- Controles de seguridad seleccionados.

- Auditorías internas y revisiones periódicas.

Beneficios de la certificación

La certificación en ISO/IEC 27001 permite:

� Demostrar el cumplimiento de buenas prácticas internacionales.

▸ Aumentar la confianza de clientes y proveedores.

▸ Reducir riesgos de seguridad.

▸ Facilitar el cumplimiento de requisitos legales.

1.1.1.3 NIST CYBERSECURITY FRAMEWORK: MARCO DE REFERENCIA DE CIBERSEGURIDAD

El NIST Cybersecurity Framework es un marco de referencia desarrollado por el National Institute of Standards and Technology (NIST) que proporciona directrices para la gestión de la ciberseguridad en las organizaciones.

Este marco es especialmente relevante en entornos tecnológicos avanzados y se utiliza ampliamente en organizaciones públicas y privadas a nivel internacional.

Estructura del framework

El NIST se organiza en cinco funciones principales:

▸ Identificar: comprender los riesgos y activos de la organización.

▸ Proteger: implementar medidas de seguridad.

▸ Detectar: identificar incidentes de seguridad.

▸ Responder: actuar ante incidentes.

▸ Recuperar: restaurar los sistemas y servicios.

Características principales

▸ Enfoque basado en riesgos.

▸ Flexibilidad en su implementación.

▸ Compatible con otros estándares como ISO 27001.

▸ Orientado a la mejora continua.

Aplicación práctica

El NIST permite a las organizaciones:

- Evaluar su nivel de madurez en ciberseguridad.
- Priorizar inversiones en seguridad.
- Establecer planes de respuesta ante incidentes.

1.1.2 Marcos de gestión de servicios TI

Los marcos de gestión de servicios TI proporcionan metodologías y buenas prácticas para la organización, prestación y mejora de los servicios tecnológicos dentro de una empresa. Su objetivo es alinear los servicios de TI con las necesidades del negocio, garantizando eficiencia, calidad y seguridad.

1.1.2.1 ITIL 4: GESTIÓN MODERNA DE SERVICIOS TI

El ITIL 4 es la evolución de la metodología ITIL, adaptada a los entornos actuales de transformación digital, cloud computing y metodologías ágiles.

ITIL 4 introduce un enfoque centrado en la creación de valor, integrando prácticas modernas como DevOps, Agile y Lean.

Sistema de Valor del Servicio (SVS)

El núcleo de ITIL 4 es el Sistema de Valor del Servicio, que incluye:

- Principios guía.
- Gobernanza.
- Cadena de valor del servicio.
- Prácticas de gestión.
- Mejora continua.

Prácticas de gestión

ITIL 4 define 34 prácticas de gestión, entre las que destacan:

- Gestión de incidentes.
- Gestión de problemas.
- Gestión de cambios.
- Gestión de niveles de servicio.
- Gestión de la seguridad de la información.

Beneficios

- Mejora la calidad del servicio.

- Aumenta la eficiencia operativa.

- Facilita la alineación entre TI y negocio.

- Integra la seguridad dentro de la gestión de servicios.

1.1.2.2 INTEGRACIÓN CON DEVOPS Y PRÁCTICAS ÁGILES

La evolución de los entornos tecnológicos ha impulsado la integración de ITIL con metodologías como DevOps y Agile, que promueven la colaboración, la automatización y la entrega continua de servicios.

Características principales

- Integración entre desarrollo y operaciones.

- Automatización de procesos.

- Entregas continuas (CI/CD).

- Mejora continua basada en feedback.

Impacto en la seguridad

- Introducción del concepto DevSecOps.

- Integración de la seguridad desde el diseño (Security by Design).

- Automatización de controles de seguridad.

1.2 NORMATIVA LEGAL VIGENTE EN PROTECCIÓN DE DATOS

La protección de datos personales constituye en la actualidad uno de los pilares fundamentales dentro de la gestión de la seguridad de la información. En un entorno digital caracterizado por la recopilación masiva de datos, la interconexión de sistemas y el uso intensivo de tecnologías como el cloud computing, la inteligencia artificial o el big data, resulta imprescindible establecer un marco legal que garantice el tratamiento adecuado de la información personal.

La normativa en materia de protección de datos tiene como finalidad proteger los derechos y libertades de las personas físicas, especialmente en lo que respecta a su privacidad. Para ello, regula cómo deben recogerse, almacenarse, tratarse y protegerse los datos personales, estableciendo obligaciones para las organizaciones y derechos para los ciudadanos.

En el ámbito europeo y nacional, esta normativa se ha reforzado considerablemente en los últimos años, adaptándose a los nuevos desafíos tecnológicos y a los riesgos asociados al tratamiento de la información. Su cumplimiento no solo es una exigencia legal, sino también un elemento clave para generar confianza en clientes, usuarios y ciudadanos.

1.2.1 Legislación europea y nacional

El marco normativo en protección de datos se estructura en dos niveles fundamentales: el europeo, que establece las bases comunes para todos los Estados miembros, y el nacional, que desarrolla y complementa dichas disposiciones en función de las particularidades de cada país.

En el caso de España, este marco se articula principalmente en torno al Reglamento General de Protección de Datos (RGPD) y a la Ley Orgánica de Protección de Datos y Garantía de Derechos Digitales (LOPDGDD), junto con otras normas relacionadas con la ciberseguridad y los servicios digitales.

1.2.1.1 REGLAMENTO GENERAL DE PROTECCIÓN DE DATOS (RGPD)

El Reglamento General de Protección de Datos constituye la norma principal en materia de protección de datos en el ámbito de la Unión Europea. Entró en vigor en 2016 y es de aplicación directa en todos los Estados miembros, lo que significa que no requiere transposición a la legislación nacional.

Objetivos del RGPD

El RGPD tiene como principales objetivos:

- Garantizar la protección de los datos personales de los ciudadanos.
- Unificar la normativa en todos los países de la Unión Europea.
- Reforzar los derechos de los interesados.
- Establecer obligaciones claras para las organizaciones que tratan datos.

Principios fundamentales

El tratamiento de datos personales debe regirse por una serie de principios básicos:

- Licitud, lealtad y transparencia.
- Limitación de la finalidad.
- Minimización de datos.
- Exactitud.
- Limitación del plazo de conservación.
- Integridad y confidencialidad.
- Responsabilidad proactiva.

Estos principios constituyen la base sobre la que deben diseñarse todos los sistemas de tratamiento de datos.

Derechos de los interesados

El RGPD refuerza los derechos de las personas sobre sus datos personales, entre los que destacan:

- Derecho de acceso.
- Derecho de rectificación.
- Derecho de supresión (derecho al olvido).
- Derecho a la limitación del tratamiento.
- Derecho a la portabilidad de los datos.
- Derecho de oposición.

Estos derechos permiten a los ciudadanos tener un mayor control sobre su información personal.

Obligaciones de las organizaciones

Las entidades que tratan datos personales deben cumplir una serie de obligaciones, entre las que destacan:

▼ Obtener el consentimiento del interesado cuando sea necesario.

▼ Informar de forma clara sobre el tratamiento de datos.

▼ Implantar medidas de seguridad adecuadas.

▼ Notificar brechas de seguridad.

▼ Realizar evaluaciones de impacto en determinados casos.

Además, en determinados supuestos, es obligatorio designar un Delegado de Protección de Datos (DPD).

1.2.1.2 LEY ORGÁNICA DE PROTECCIÓN DE DATOS Y GARANTÍA DE DERECHOS DIGITALES

La Ley Orgánica de Protección de Datos y Garantía de Derechos Digitales es la norma española que adapta y complementa el RGPD en el ámbito nacional.

Finalidad de la LOPDGDD

Esta ley tiene como objetivo:

▼ Desarrollar aspectos específicos del RGPD en España.

▼ Regular derechos digitales de los ciudadanos.

▼ Establecer un marco adaptado al contexto jurídico español.

Derechos digitales

Una de las principales novedades de esta ley es la incorporación de los denominados derechos digitales, entre los que destacan:

▼ Derecho a la desconexión digital en el ámbito laboral.

▼ Derecho a la intimidad en el uso de dispositivos digitales.

▼ Derecho a la protección de datos en redes sociales.

▼ Derecho al olvido en buscadores y redes sociales.

Estos derechos responden a la necesidad de proteger a los ciudadanos en el entorno digital actual.

Autoridades de control

En España, la autoridad encargada de velar por el cumplimiento de la normativa es la Agencia Española de Protección de Datos (AEPD), que tiene funciones de:

- Supervisión y control.
- Resolución de reclamaciones.
- Imposición de sanciones.
- Elaboración de guías y recomendaciones.

Régimen sancionador

El incumplimiento de la normativa puede dar lugar a sanciones económicas significativas, que pueden alcanzar importes muy elevados en función de la gravedad de la infracción.

1.2.1.3 NORMATIVA SOBRE CIBERSEGURIDAD Y SERVICIOS DIGITALES

La protección de datos está estrechamente relacionada con la ciberseguridad, ya que la seguridad de los sistemas es un requisito esencial para garantizar la confidencialidad, integridad y disponibilidad de la información.

En este ámbito, existen diversas normativas complementarias que regulan la seguridad de redes, sistemas y servicios digitales.

Normativa europea

Entre las principales normas europeas destaca:

- Directiva NIS2 (Network and Information Security), que establece medidas para garantizar un alto nivel común de ciberseguridad en la Unión Europea.

Esta directiva obliga a determinadas organizaciones a:

- Implantar medidas de seguridad adecuadas.
- Gestionar riesgos de ciberseguridad.
- Notificar incidentes relevantes.

Normativa nacional

En España, la ciberseguridad se regula mediante diversas normas y estrategias, entre las que destacan:

- ⯈ Esquema Nacional de Seguridad (ENS), aplicable a las administraciones públicas y a entidades que trabajan con ellas.

- ⯈ Estrategia Nacional de Ciberseguridad.

Servicios digitales y seguridad

Las empresas que prestan servicios digitales deben garantizar:

- ⯈ La protección de los datos de los usuarios.

- ⯈ La seguridad de sus plataformas.

- ⯈ La disponibilidad de los servicios.

Esto implica la implantación de medidas como:

- ⯈ Sistemas de detección de intrusiones.

- ⯈ Cifrado de datos.

- ⯈ Monitorización continua.

- ⯈ Planes de respuesta ante incidentes.

La normativa en protección de datos y ciberseguridad constituye, por tanto, un marco esencial para garantizar la seguridad de la información en las organizaciones modernas, obligando a adoptar un enfoque integral que combine medidas técnicas, organizativas y legales.

Comparativa de Normativas de Seguridad

Norma	Ámbito	Objetivo	Obligatoriedad
ISO 27001	Global	Sistema de Gestión de Seguridad	Voluntaria
ISO 27002	Global	Controles de Seguridad	Voluntaria
RGPD	UE	Protección de Datos Personales	Obligatoria
LOPDGDD	España	Protección de Datos y DD. Digitales	Obligatoria
ENS	España	Seguridad en la Administración	Obligatoria
NIS2	UE	Seguridad en Redes y Sistemas	Obligatoria

1.2.2 Cumplimiento normativo y auditoría

El cumplimiento normativo en materia de protección de datos y seguridad de la información implica la adopción de medidas organizativas, técnicas y legales que garanticen que una entidad actúa conforme a la normativa vigente. No se trata únicamente de cumplir formalmente con la ley, sino de integrar la protección de datos dentro de la cultura organizativa, aplicando el principio de responsabilidad proactiva.

Este principio, introducido por el Reglamento General de Protección de Datos, obliga a las organizaciones a demostrar que cumplen con la normativa, lo que implica documentar procesos, evaluar riesgos y aplicar controles adecuados. En este contexto, la auditoría y las evaluaciones periódicas se convierten en herramientas esenciales para verificar el grado de cumplimiento y detectar posibles deficiencias.

El cumplimiento normativo abarca, entre otros aspectos:

- Identificación de tratamientos de datos personales.
- Evaluación de riesgos asociados.
- Implantación de medidas de seguridad.
- Formación y concienciación del personal.
- Supervisión continua y mejora de los controles.

La auditoría, por su parte, permite analizar de forma sistemática si las medidas adoptadas son eficaces, si se ajustan a la normativa y si responden adecuadamente a los riesgos existentes.

1.2.2.1 EVALUACIONES DE IMPACTO (EIPD)

Las Evaluaciones de Impacto en la Protección de Datos (EIPD) son un instrumento fundamental para garantizar el cumplimiento del RGPD en aquellos tratamientos que puedan implicar un alto riesgo para los derechos y libertades de las personas.

Concepto

La EIPD es un proceso sistemático que permite:

- Identificar y analizar riesgos asociados al tratamiento de datos.
- Evaluar la necesidad y proporcionalidad del tratamiento.
- Determinar las medidas necesarias para mitigar dichos riesgos.

Su objetivo es anticiparse a los posibles problemas en materia de privacidad antes de que se produzcan.

Cuándo es obligatoria

La realización de una EIPD es obligatoria cuando el tratamiento de datos:

- Implica el uso de nuevas tecnologías.
- Supone una evaluación sistemática y exhaustiva de aspectos personales.
- Afecta a un gran volumen de datos sensibles.
- Incluye vigilancia sistemática de zonas públicas.

Ejemplos típicos:

- Sistemas de videovigilancia avanzada.
- Plataformas de análisis masivo de datos (big data).
- Sistemas de inteligencia artificial aplicados a decisiones automatizadas.

Fases de una EIPD

El proceso de evaluación de impacto suele estructurarse en las siguientes fases:

- Descripción del tratamiento de datos.
- Análisis de necesidad y proporcionalidad.
- Identificación de riesgos para los derechos de los interesados.
- Evaluación del nivel de riesgo.
- Definición de medidas de mitigación.

En algunos casos, si el riesgo persiste, es necesario consultar previamente a la autoridad de control.

Beneficios

La realización de una EIPD permite:

- Reducir riesgos legales y sancionadores.
- Mejorar la seguridad de los sistemas.
- Aumentar la confianza de los usuarios.
- Integrar la privacidad desde el diseño (Privacy by Design).

Proceso de cumplimiento normativo en seguridad de la información

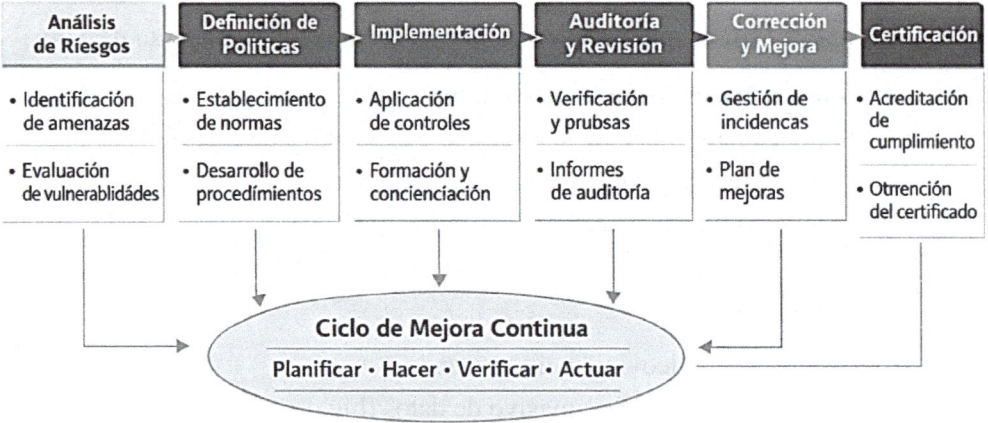

1.3 SEGURIDAD FÍSICA Y ORGANIZATIVA

La seguridad de la información no se limita exclusivamente a los sistemas informáticos y a las medidas técnicas, sino que abarca también la protección física de los activos y la correcta organización interna de la empresa. En este sentido, la seguridad física y organizativa constituye un componente esencial dentro de cualquier estrategia global de seguridad.

La seguridad física tiene como objetivo proteger las instalaciones, equipos y soportes de información frente a accesos no autorizados, daños, robos o desastres. Por su parte, la seguridad organizativa se centra en establecer estructuras, responsabilidades y procedimientos que garanticen una gestión adecuada de la seguridad en todos los niveles de la organización.

Ambas dimensiones están estrechamente relacionadas, ya que una infraestructura tecnológica segura puede verse comprometida si no se dispone de medidas físicas adecuadas o si la organización no cuenta con procedimientos claros y bien definidos.

La correcta implantación de la seguridad física y organizativa permite:

▶ Proteger los activos críticos de la organización.

▶ Prevenir accesos no autorizados.

▶ Reducir el impacto de incidentes físicos y operativos.

▶ Garantizar la continuidad del negocio.

▶ Cumplir con la normativa vigente en materia de seguridad.

1.3.1 Normativas y buenas prácticas

Las normativas y buenas prácticas en materia de seguridad física y organizativa proporcionan un conjunto de directrices que permiten a las organizaciones diseñar e implementar medidas eficaces de protección.

Estas prácticas se basan en estándares internacionales como la ISO/IEC 27002, que incluye controles específicos relacionados con la seguridad física y ambiental, así como en otras normas y recomendaciones del ámbito de la ciberseguridad y la gestión de riesgos.

Seguridad física

La seguridad física se orienta a proteger los recursos materiales y las instalaciones donde se alojan los sistemas de información. Entre las principales medidas destacan:

▶ Control de accesos a edificios e instalaciones mediante sistemas de identificación (tarjetas, biometría, códigos).

▶ Vigilancia mediante cámaras de seguridad (CCTV).

▶ Protección perimetral de instalaciones críticas.

▶ Sistemas de detección y extinción de incendios.

▶ Control de condiciones ambientales (temperatura, humedad, ventilación).

▶ Protección frente a riesgos eléctricos mediante sistemas de alimentación ininterrumpida (SAI).

Estas medidas deben adaptarse al nivel de criticidad de los activos y al riesgo asociado a cada instalación.

Protección de centros de procesamiento de datos

Los centros de procesamiento de datos (CPD) requieren un nivel de seguridad especialmente elevado, debido a la concentración de sistemas críticos.

Las buenas prácticas incluyen:

- Ubicación en zonas seguras y controladas.
- Acceso restringido únicamente a personal autorizado.
- Redundancia en sistemas eléctricos y de comunicaciones.
- Monitorización continua de las condiciones ambientales.
- Planes de contingencia ante fallos o desastres.

Seguridad organizativa

La seguridad organizativa se basa en la definición de estructuras y procedimientos que regulan el comportamiento de las personas dentro de la organización.

Entre las principales medidas destacan:

- Definición de roles y responsabilidades en materia de seguridad.
- Implantación de políticas de seguridad de la información.
- Gestión de accesos basada en el principio de mínimo privilegio.
- Formación y concienciación del personal.
- Procedimientos de gestión de incidentes.
- Control del uso de dispositivos y sistemas.

Principios fundamentales

Las buenas prácticas en seguridad física y organizativa se apoyan en una serie de principios clave:

- Principio de defensa en profundidad: establecer múltiples capas de seguridad.
- Principio de mínimo privilegio: limitar los accesos al mínimo necesario.
- Principio de segregación de funciones: evitar que una misma persona controle todo el proceso.
- Principio de trazabilidad: registrar y monitorizar las acciones realizadas.

Integración con la gestión de riesgos

La implantación de medidas de seguridad debe basarse en un análisis previo de riesgos, que permita identificar amenazas, vulnerabilidades y posibles impactos.

Este enfoque permite:

- Priorizar las medidas de seguridad más relevantes.
- Optimizar los recursos disponibles.
- Adaptar la seguridad a las necesidades reales de la organización.

Auditoría y mejora continua

Las medidas de seguridad física y organizativa deben ser revisadas periódicamente mediante auditorías internas o externas, con el fin de:

- Verificar su eficacia.
- Detectar deficiencias.
- Adaptarse a nuevos riesgos.

Este proceso de revisión continua es fundamental para mantener un nivel de seguridad adecuado en un entorno en constante evolución.

1.3.1.1 CONTROL DE ACCESOS FÍSICOS

El control de accesos físicos constituye una de las primeras líneas de defensa en la seguridad de la información, ya que permite impedir el acceso no autorizado a instalaciones, equipos y recursos críticos de la organización. Su finalidad es garantizar que únicamente las personas autorizadas puedan acceder a determinadas áreas, especialmente aquellas que contienen activos sensibles como servidores, sistemas de almacenamiento o documentación confidencial.

El diseño de un sistema eficaz de control de accesos físicos debe basarse en el principio de mínimo privilegio, permitiendo el acceso únicamente a quienes lo necesitan para el desempeño de sus funciones.

Entre las principales medidas de control de accesos físicos destacan:

▶ Sistemas de identificación y autenticación: tarjetas magnéticas, códigos PIN, sistemas biométricos (huella dactilar, reconocimiento facial).

▶ Control de entradas y salidas: registro de accesos mediante sistemas automatizados o manuales.

▶ Zonas restringidas: delimitación de áreas con distintos niveles de seguridad (zonas públicas, zonas controladas, zonas críticas).

▶ Vigilancia y supervisión: uso de sistemas de videovigilancia (CCTV) y personal de seguridad.

▶ Control de visitantes: registro, acreditación temporal y acompañamiento dentro de las instalaciones.

Es fundamental mantener un registro de accesos que permita garantizar la trazabilidad, facilitando la detección de accesos indebidos y la investigación de incidentes.

La correcta implantación de estas medidas contribuye a reducir riesgos como el robo de información, sabotaje, manipulación de equipos o accesos indebidos a sistemas críticos.

1.3.1.2 PROTECCIÓN DE CENTROS DE DATOS (CPD)

Los centros de procesamiento de datos (CPD) son instalaciones donde se alojan los sistemas informáticos críticos de una organización, por lo que requieren un nivel de protección especialmente elevado. La seguridad de un CPD no solo depende de los sistemas tecnológicos, sino también de las condiciones físicas y ambientales que garantizan su correcto funcionamiento.

La protección de un CPD debe abordarse desde una perspectiva integral, teniendo en cuenta tanto los riesgos físicos como los operativos.

Entre las principales medidas de protección destacan:

▶ Control de acceso estricto: acceso limitado únicamente a personal autorizado, mediante sistemas avanzados de identificación.

▶ Seguridad perimetral: protección del entorno físico mediante barreras, sistemas de vigilancia y control de accesos.

▼ Sistemas de alimentación eléctrica: uso de sistemas de alimentación ininterrumpida (SAI) y generadores eléctricos para evitar interrupciones.

▼ Control ambiental: monitorización de temperatura, humedad y ventilación para evitar daños en los equipos.

▼ Sistemas contra incendios: detección temprana y sistemas de extinción adecuados (por ejemplo, gas inerte en lugar de agua).

▼ Redundancia: duplicación de sistemas críticos (servidores, redes, almacenamiento) para garantizar la disponibilidad.

Asimismo, es recomendable que los CPD se diseñen siguiendo estándares de calidad y disponibilidad (como los niveles Tier), que clasifican las instalaciones en función de su capacidad de tolerancia a fallos.

Una correcta protección del CPD permite garantizar la disponibilidad de los sistemas, minimizar interrupciones del servicio y proteger la información frente a incidentes físicos.

1.3.1.3 CONTINUIDAD DE NEGOCIO Y PLANES DE CONTINGENCIA

La continuidad de negocio se refiere a la capacidad de una organización para mantener sus operaciones esenciales ante situaciones adversas, como fallos técnicos, desastres naturales, ciberataques o interrupciones del servicio.

Los planes de contingencia forman parte de esta estrategia y establecen las medidas y procedimientos que deben seguirse para responder de forma eficaz ante incidentes, minimizando su impacto.

Entre los principales elementos de la continuidad de negocio destacan:

▼ Análisis de impacto en el negocio (BIA): identificación de los procesos críticos y evaluación de las consecuencias de su interrupción.

▼ Identificación de riesgos: análisis de amenazas y vulnerabilidades que pueden afectar a la organización.

▼ Plan de continuidad de negocio (BCP): conjunto de estrategias y procedimientos para garantizar la continuidad de las operaciones.

▼ Plan de recuperación ante desastres (DRP): medidas específicas para restaurar los sistemas y la infraestructura tecnológica tras un incidente.

Dentro de estos planes se establecen objetivos clave como:

- ⚑ RTO (Recovery Time Objective): tiempo máximo aceptable para la recuperación de un servicio.

- ⚑ RPO (Recovery Point Objective): cantidad máxima de datos que se pueden perder.

Las medidas habituales incluyen:

- ⚑ Copias de seguridad periódicas.
- ⚑ Sistemas redundantes.
- ⚑ Centros de respaldo (backup sites).
- ⚑ Procedimientos de actuación ante emergencias.

Es fundamental realizar pruebas periódicas de los planes para verificar su eficacia y asegurar que el personal conoce los procedimientos a seguir.

La implantación de planes de continuidad y contingencia permite a las organizaciones reducir el impacto de los incidentes, garantizar la disponibilidad de los servicios y proteger su reputación y viabilidad.

1.4 ACTIVIDADES

Actividad práctica 1. Identificación de marcos normativos y estándares de seguridad

Objetivo: distinguir los principales marcos normativos y comprender su finalidad dentro de la gestión de la seguridad.

Enunciado: una organización quiere mejorar su gestión de la seguridad de la información y analizar qué estándares y marcos de referencia puede aplicar. Para ello, estudia las siguientes referencias:

- ⚑ ISO/IEC 27001.
- ⚑ ISO/IEC 27002.
- ⚑ NIST Cybersecurity Framework.
- ⚑ ITIL 4.

Tareas:

1. Explica cuál es la finalidad principal de cada uno de estos marcos o normas.

2. Indica cuáles de ellos están orientados a:

   - la implantación de un sistema de gestión,
   - la definición de buenas prácticas,
   - la gestión de servicios TI,
   - la ciberseguridad.

3. Señala qué relación existe entre ISO/IEC 27001 e ISO/IEC 27002.

4. Explica en qué tipo de organización tendría sentido aplicar conjuntamente varios de estos marcos.

Actividad práctica 2. Análisis de cumplimiento en protección de datos

Objetivo: relacionar las obligaciones legales con situaciones reales de tratamiento de datos personales.

Enunciado: una empresa recoge datos personales de clientes a través de su página web, utiliza videovigilancia en sus instalaciones y envía comunicaciones comerciales por correo electrónico.

Tareas:

1. Identifica qué normativa resulta aplicable a estas actividades.

2. Explica qué principios del RGPD deberían respetarse en este tratamiento de datos.

3. Indica al menos cuatro obligaciones que debe cumplir la empresa en materia de protección de datos.

4. Señala qué derechos podrían ejercer los interesados sobre sus datos personales.

5. Explica qué riesgos podrían surgir si la empresa no cumple adecuadamente con la normativa.

Actividad práctica 3. Diseño básico de una política de seguridad y privacidad

Objetivo: comprender la importancia de las políticas internas como instrumento de cumplimiento y control.

Enunciado: una organización carece de una política formal de seguridad de la información. La dirección quiere implantar un documento básico que regule el uso de los sistemas y la protección de la información.

Tareas:

1. Redacta un esquema de política de seguridad que incluya, al menos:

   - Objetivo,
   - Alcance,
   - Normas de uso,
   - Control de accesos,
   - Gestión de incidentes,
   - Responsabilidades del personal.

2. Explica por qué estas políticas deben ser conocidas por todos los empleados.

3. Indica qué consecuencias puede tener para la organización no disponer de políticas claras y actualizadas.

4. Propón dos medidas para garantizar que la política se aplica realmente dentro de la empresa.

Actividad práctica 4. Evaluación de seguridad física y organizativa

Objetivo: identificar medidas de protección física y organizativa en un entorno empresarial.

Enunciado: una empresa dispone de oficinas, un pequeño cuarto de servidores y varios equipos con información sensible. Tras una revisión interna, se detectan las siguientes situaciones:

- La sala de servidores permanece abierta durante parte de la jornada.
- No existe registro de visitantes.
- Los empleados comparten contraseñas entre sí.

▼ No hay procedimientos claros ante incidentes.

▼ El sistema de copias de seguridad no se revisa periódicamente.

Tareas:

1. Identifica los principales fallos de seguridad física y organizativa.

2. Clasifica cada problema según afecte a:

   - Control de accesos físicos,

   - Seguridad organizativa,

   - Continuidad de negocio.

3. Propón una medida correctora para cada una de las deficiencias detectadas.

4. Explica por qué la seguridad física y la seguridad organizativa deben implantarse de forma coordinada.

Actividad práctica 5. Elaboración de un plan básico de continuidad y contingencia

Objetivo: aplicar los conceptos de continuidad de negocio y recuperación ante incidentes.

Enunciado: una organización depende de su sistema informático para gestionar clientes, facturación y comunicaciones internas. La dirección quiere preparar un plan mínimo de actuación ante incidentes graves, como un fallo eléctrico, un incendio o un ciberataque.

Tareas:

1. Identifica cuáles podrían ser los procesos críticos de la organización.

2. Explica la diferencia entre:

   - Plan de continuidad de negocio (BCP),

   - Plan de recuperación ante desastres (DRP).

3. Define, de forma sencilla, qué significan los conceptos:

   - RTO,

   - RPO.

4. Propón al menos cinco medidas que deberían incluirse en el plan de contingencia.

5. Explica por qué es importante realizar pruebas periódicas del plan.

1.5 CUESTIONARIO

1. **¿Cuál es el objetivo principal de la seguridad de la información en una organización?**
   a) a) Reducir costes operativos.
   b) Garantizar la confidencialidad, integridad y disponibilidad de la información.
   c) Mejorar la productividad del personal.
   d) Aumentar la capacidad de almacenamiento.

2. **¿Qué norma establece un código de buenas prácticas para la gestión de la seguridad de la información?**
   a) ISO 9001.
   b) ISO 14001.
   c) ISO/IEC 27002.
   d) ITIL.

3. **¿Cuál de las siguientes normas es certificable?**
   a) ISO/IEC 27002.
   b) ISO/IEC 27001.
   c) NIST Framework.
   d) ITIL.

4. **¿Qué principio del RGPD implica que los datos deben ser adecuados y limitados a lo necesario?**
   a) Exactitud.
   b) Minimización de datos.
   c) Transparencia.
   d) Licitud.

5. ¿Qué organismo es responsable de supervisar el cumplimiento de la normativa de protección de datos en España?

a) INE.

b) AEPD.

c) CNMV.

d) SEPE.

6. ¿En qué caso es obligatoria una Evaluación de Impacto en Protección de Datos (EIPD)?

a) Cuando se usan hojas de cálculo simples.

b) Cuando se tratan datos sin almacenarlos.

c) Cuando el tratamiento implica alto riesgo para los derechos de las personas.

d) Siempre, sin excepción.

7. ¿Cuál de los siguientes es un ejemplo de medida de seguridad física?

a) Uso de antivirus.

b) Control de accesos mediante tarjetas.

c) Copias de seguridad en la nube.

d) Cifrado de datos.

8. ¿Qué documento establece las normas internas para la protección de la información en una organización?

a) Plan contable.

b) Política de seguridad.

c) Informe financiero.

d) Manual de marketing.

9. ¿Qué significa el principio de "mínimo privilegio"?

a) Dar acceso total a todos los usuarios.

b) Limitar el acceso a lo estrictamente necesario.

c) Eliminar todos los permisos.

d) Permitir acceso solo a directivos.

10.¿Cuál es el objetivo principal de un plan de continuidad de negocio (BCP)?

a) Reducir costes tecnológicos.

b) Mejorar la imagen corporativa.

c) Garantizar la continuidad de las operaciones ante incidentes.

d) Aumentar la velocidad de los sistemas.

RESPUESTAS

1. b

2. c

3. b

4. b

5. b

6. c

7. b

8. b

9. b

10. c

2

ANÁLISIS DE LOS PROCESOS DE SISTEMAS

El análisis de los procesos de sistemas constituye una disciplina clave dentro de la gestión de las tecnologías de la información, ya que permite comprender cómo los sistemas informáticos intervienen en la ejecución de los procesos de negocio y cómo contribuyen a la generación de valor en la organización. En el contexto actual, caracterizado por la transformación digital, la automatización y el uso intensivo de datos, los procesos empresariales están profundamente ligados a los sistemas de información.

Este análisis no solo tiene una finalidad descriptiva, sino también estratégica, ya que permite:

- Identificar dependencias críticas entre procesos y sistemas.
- Evaluar el impacto de posibles fallos tecnológicos.
- Detectar ineficiencias y oportunidades de mejora.
- Optimizar la asignación de recursos tecnológicos.
- Garantizar la continuidad operativa y la seguridad de la información.

El análisis de procesos es un elemento fundamental para la implantación de marcos de gestión como ITIL, ISO 27001 o metodologías de mejora continua, ya que proporciona una visión estructurada del funcionamiento interno de la organización.

2.1 PROCESOS DE NEGOCIO Y SISTEMAS DE INFORMACIÓN

Los procesos de negocio representan la secuencia ordenada de actividades que permiten a una organización alcanzar sus objetivos. Estos procesos transforman entradas (datos, recursos, información) en salidas (productos, servicios, decisiones), generando valor para clientes internos y externos.

Por otro lado, los sistemas de información son el conjunto de herramientas tecnológicas, aplicaciones, infraestructuras y datos que permiten automatizar, controlar y optimizar dichos procesos.

Relación entre procesos y sistemas

La relación entre procesos de negocio y sistemas de información es bidireccional:

- Los procesos definen las necesidades funcionales que deben cubrir los sistemas.

- Los sistemas condicionan la forma en que se ejecutan los procesos.

Esta relación implica que cualquier cambio en uno de los elementos afecta directamente al otro. Por ejemplo:

- La implantación de un sistema ERP modifica la forma de gestionar pedidos, facturación o inventario.

- La redefinición de un proceso puede requerir la adaptación o sustitución de los sistemas existentes.

Importancia en la organización

Una adecuada integración entre procesos y sistemas permite:

- Incrementar la eficiencia operativa.

- Reducir errores humanos.

- Mejorar la calidad de la información.

- Facilitar la trazabilidad de las operaciones.

- Apoyar la toma de decisiones basada en datos.

En cambio, una mala alineación puede provocar:

- Duplicidad de tareas.

- Pérdida de información.

- Fallos operativos.

- Incremento de costes.

2.1.1 Identificación de procesos soportados por TI

La identificación de procesos soportados por tecnologías de la información es una fase esencial dentro del análisis de sistemas, ya que permite determinar qué actividades dependen de la infraestructura tecnológica y en qué medida.

Concepto ampliado

Un proceso soportado por TI es aquel en el que intervienen sistemas de información para su ejecución, control o supervisión. Esta intervención puede ser:

- Total: procesos completamente automatizados (por ejemplo, procesamiento de transacciones en sistemas bancarios).

- Parcial: procesos en los que la tecnología apoya la actividad humana (por ejemplo, gestión de clientes mediante CRM).

- Indirecta: procesos que dependen de sistemas para la obtención de información o toma de decisiones.

Objetivos de la identificación

La identificación de estos procesos persigue:

- Determinar el grado de dependencia tecnológica.

- Identificar procesos críticos para el negocio.

- Detectar puntos de fallo potenciales.

- Evaluar riesgos operativos y de seguridad.

- Facilitar la planificación tecnológica.

Metodología de identificación

El proceso de identificación debe realizarse de forma estructurada, siguiendo una metodología clara:

1. **Análisis organizativo**
   - Identificación de áreas funcionales (producción, ventas, logística, finanzas, recursos humanos).
   - Determinación de responsabilidades y funciones.

2. **Identificación de procesos clave**
   - Procesos estratégicos: planificación, dirección, toma de decisiones.
   - Procesos operativos: producción, ventas, prestación de servicios.
   - Procesos de soporte: administración, IT, recursos humanos.

3. **Mapeo de procesos**
   - Representación gráfica mediante diagramas de flujo o BPMN.
   - Identificación de entradas, actividades, decisiones y salidas.

4. **Identificación de sistemas asociados**
   - Sistemas ERP (gestión empresarial).
   - Sistemas CRM (gestión de clientes).
   - Sistemas SCM (gestión de cadena de suministro).
   - Aplicaciones específicas (software sectorial).
   - Bases de datos y sistemas de almacenamiento.

5. **Análisis de interdependencias**
   - Relación entre procesos.
   - Integración entre sistemas.
   - Flujos de información entre aplicaciones.

Clasificación de procesos soportados por TI

Los procesos pueden clasificarse en función de su relación con la tecnología:

- Procesos automatizados: ejecutados íntegramente por sistemas.
- Procesos asistidos: combinan intervención humana y tecnológica.
- Procesos manuales con soporte tecnológico: utilizan herramientas informáticas como apoyo.

Asimismo, pueden clasificarse según su criticidad:

▶ Procesos críticos: su fallo paraliza la organización.

▶ Procesos importantes: afectan significativamente al negocio.

▶ Procesos secundarios: impacto limitado.

Herramientas y técnicas de identificación

Para llevar a cabo la identificación de procesos se utilizan diversas herramientas:

▶ Diagramas de flujo: representación básica de procesos.

▶ BPMN (Business Process Model and Notation): modelado avanzado.

▶ Entrevistas con responsables de área.

▶ Cuestionarios y auditorías internas.

▶ Análisis de documentación existente.

▶ Herramientas de gestión de procesos (BPM tools).

Estas herramientas permiten obtener una visión clara, estructurada y documentada de los procesos.

Ejemplo práctico

En una empresa de comercio electrónico:

▶ Proceso: gestión de pedidos.

▶ Sistemas implicados:

- Plataforma web.
- Sistema ERP.
- Sistema de pago.
- Sistema logístico.

Este proceso depende completamente de la infraestructura tecnológica, por lo que cualquier fallo en los sistemas puede afectar directamente a la actividad empresarial.

Riesgos asociados

La dependencia de los sistemas de información introduce riesgos que deben ser gestionados:

- Fallos del sistema.
- Ciberataques.
- Pérdida de datos.
- Errores de integración.
- Obsolescencia tecnológica.

Por ello, es fundamental identificar correctamente los procesos soportados por TI para poder aplicar medidas de seguridad y continuidad adecuadas.

Importancia estratégica

La identificación de procesos soportados por TI es clave para:

- La transformación digital de la organización.
- La implantación de sistemas de gestión de seguridad.
- La mejora continua de procesos.
- La optimización de recursos tecnológicos.
- La planificación de inversiones en TI.

Además, constituye la base para actividades posteriores como la monitorización, auditoría, gestión de riesgos y continuidad de negocio.

2.1.1.1 MODELADO DE PROCESOS (BPM, BPMN)

El modelado de procesos constituye una técnica fundamental dentro del análisis de sistemas, ya que permite representar de forma gráfica, estructurada y comprensible los procesos de negocio de una organización. A través del modelado, se consigue visualizar cómo se desarrollan las actividades, quién interviene en ellas, qué decisiones se toman y qué sistemas de información participan en su ejecución.

El enfoque de **Gestión de Procesos de Negocio (BPM, Business Process Management)** es una disciplina que engloba el análisis, diseño, implementación, monitorización y mejora continua de los procesos. Su objetivo es optimizar el funcionamiento de la organización, alineando los procesos con los objetivos estratégicos.

Dentro de este enfoque, el estándar más utilizado para la representación gráfica de procesos es BPMN.

BPM (Business Process Management)

El BPM no es solo una técnica de modelado, sino una metodología completa que permite gestionar el ciclo de vida de los procesos:

- Diseño del proceso: definición de actividades y flujos.
- Modelado: representación gráfica del proceso.
- Ejecución: implementación del proceso en sistemas.
- Monitorización: seguimiento del rendimiento.
- Optimización: mejora continua basada en indicadores.

El BPM facilita la comprensión global de la organización y permite detectar:

- Cuellos de botella.
- Tareas redundantes.
- Ineficiencias operativas.
- Oportunidades de automatización.

BPMN (Business Process Model and Notation)

BPMN es el estándar internacional para el modelado de procesos, que proporciona un lenguaje gráfico común comprensible tanto por técnicos como por usuarios de negocio.

Los elementos principales de BPMN son:

- Eventos: representan el inicio, fin o cambios en el proceso.
- Actividades: tareas o acciones que se realizan.
- Pasarelas (gateways): puntos de decisión.
- Flujos: conexiones entre elementos del proceso.
- Pools y lanes: representan participantes y roles.

Este estándar permite representar procesos complejos de forma clara y estructurada, facilitando la comunicación entre departamentos técnicos y funcionales.

Ventajas del modelado de procesos

El uso de BPM y BPMN aporta numerosos beneficios:

▸ Mejora la comprensión de los procesos.

▸ Facilita la documentación y estandarización.

▸ Permite detectar errores e ineficiencias.

▸ Sirve como base para la automatización.

▸ Favorece la mejora continua.

Ejemplo de modelado de proceso de acceso a sistemas

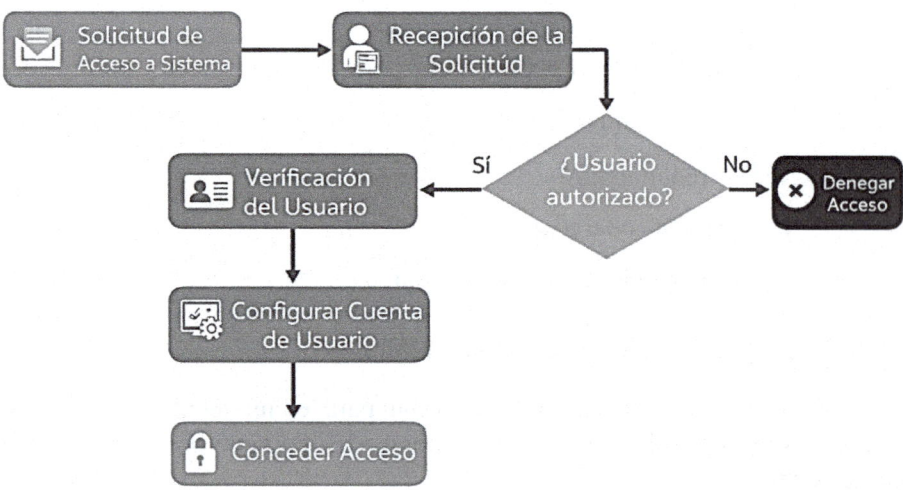

2.1.1.2 AUTOMATIZACIÓN DE PROCESOS (RPA)

La automatización de procesos consiste en la utilización de tecnologías que permiten ejecutar tareas de forma automática, reduciendo la intervención humana y aumentando la eficiencia operativa.

En este contexto, destaca la **Automatización Robótica de Procesos (RPA, Robotic Process Automation)**, que permite automatizar tareas repetitivas mediante el uso de software que simula la interacción humana con sistemas informáticos.

Concepto de RPA

La RPA utiliza "robots de software" que pueden:

- Introducir datos en aplicaciones.
- Extraer información de sistemas.
- Procesar transacciones.
- Ejecutar tareas repetitivas basadas en reglas.

Estos robots trabajan sobre interfaces existentes, sin necesidad de modificar los sistemas.

Características principales

- Automatización de tareas repetitivas y estructuradas.
- Reducción de errores humanos.
- Incremento de la productividad.
- Integración con sistemas existentes.
- Escalabilidad y flexibilidad.

Tipos de automatización

- Automatización atendida: el usuario interactúa con el robot.
- Automatización desatendida: el robot trabaja de forma autónoma.
- Automatización híbrida: combinación de ambas.

Ejemplos de aplicación

- Procesamiento de facturas.
- Gestión de pedidos.
- Actualización de bases de datos.
- Atención al cliente automatizada.

Relación con BPM

La RPA complementa al BPM, ya que:

- BPM define el proceso.
- RPA ejecuta tareas dentro del proceso.

Esto permite una automatización progresiva y controlada.

Beneficios

- Reducción de costes operativos.
- Mejora de la eficiencia.
- Aumento de la calidad del servicio.
- Liberación de recursos humanos para tareas de mayor valor.

2.1.2 Relación entre procesos y activos

La relación entre procesos de negocio y activos de información es un elemento clave dentro del análisis de sistemas, ya que permite comprender cómo los recursos tecnológicos y organizativos soportan la actividad de la empresa.

Concepto de activo

Un activo es cualquier elemento que tiene valor para la organización y que debe ser protegido. En el contexto de los sistemas de información, los activos pueden ser:

- Activos de información: datos, bases de datos, documentos.
- Activos tecnológicos: servidores, redes, aplicaciones.
- Activos humanos: personal con conocimientos y habilidades.
- Activos físicos: instalaciones, equipos.

Relación entre procesos y activos

Los procesos de negocio utilizan activos para su ejecución. Esta relación implica que:

- Un proceso depende de uno o varios activos.
- El fallo de un activo puede afectar al proceso.
- La criticidad de un activo está ligada a los procesos que soporta.

Por ejemplo:

- Un sistema ERP es un activo crítico para el proceso de facturación.
- Una base de datos es esencial para la gestión de clientes.

Identificación de activos asociados a procesos

Para cada proceso es necesario identificar:

- Sistemas de información utilizados.
- Datos procesados.
- Infraestructura tecnológica implicada.
- Personal responsable.

Este análisis permite establecer un mapa de dependencias entre procesos y activos.

Importancia en la gestión de riesgos

La relación entre procesos y activos es fundamental para:

- Identificar riesgos asociados a la pérdida o fallo de activos.
- Determinar el impacto de incidentes.
- Establecer prioridades de protección.
- Diseñar planes de continuidad.

Clasificación de activos según criticidad

Los activos pueden clasificarse en función de su importancia:

- Críticos: esenciales para el funcionamiento del negocio.
- Importantes: impacto significativo.
- No críticos: impacto limitado.

Esta clasificación permite asignar recursos de seguridad de forma eficiente.

Integración con la seguridad de la información

El análisis de la relación entre procesos y activos es la base para:

- La gestión de riesgos (ISO 27001).
- La definición de controles de seguridad.
- La protección de la información.
- La continuidad de negocio.

En definitiva, comprender esta relación permite garantizar que los procesos de negocio estén correctamente soportados, protegidos y alineados con los objetivos de la organización.

2.1.2.1 SISTEMAS DE INFORMACIÓN EMPRESARIALES (ERP, CRM)

Los sistemas de información empresariales constituyen el núcleo tecnológico que soporta los procesos de negocio en las organizaciones modernas. Estos sistemas permiten integrar, automatizar y gestionar la información procedente de distintas áreas, facilitando la coordinación entre departamentos y mejorando la eficiencia operativa.

Entre los sistemas más relevantes destacan los ERP y los CRM, aunque existen otros sistemas complementarios que también desempeñan un papel importante.

Sistemas ERP (Enterprise Resource Planning)

Los sistemas ERP son plataformas integradas que permiten gestionar los recursos de la empresa de forma centralizada. Su principal característica es la integración de diferentes áreas funcionales en un único sistema.

Los módulos habituales de un ERP incluyen:

- Gestión financiera y contable.
- Gestión de compras y proveedores.
- Gestión de inventarios y almacenes.
- Gestión de producción.
- Recursos humanos.

Características principales de los ERP

- Integración de información en tiempo real.
- Base de datos única y centralizada.
- Automatización de procesos internos.
- Reducción de duplicidades y errores.
- Mejora en la toma de decisiones.

Ejemplo de funcionamiento

Cuando se registra un pedido en el sistema:

- Se actualiza automáticamente el inventario.
- Se genera la factura correspondiente.
- Se refleja en la contabilidad.

Esto demuestra cómo un ERP conecta múltiples procesos de forma automática.

Sistemas CRM (Customer Relationship Management)

Los sistemas CRM están orientados a la gestión de la relación con los clientes. Permiten centralizar la información comercial y mejorar la interacción con los clientes a lo largo de todo su ciclo de vida.

Entre sus funcionalidades destacan:

- Gestión de contactos y clientes.
- Seguimiento de oportunidades de venta.
- Automatización de marketing.
- Atención al cliente y soporte.
- Análisis de comportamiento del cliente.

Características principales de los CRM

- Visión completa del cliente.
- Mejora de la experiencia del usuario.
- Optimización de procesos comerciales.
- Incremento de la fidelización.

Integración entre ERP y CRM

En muchas organizaciones, los sistemas ERP y CRM trabajan de forma integrada:

- El CRM gestiona la relación con el cliente.
- El ERP gestiona la parte operativa y financiera.

Esta integración permite una visión global del negocio y mejora la eficiencia de los procesos.

Otros sistemas empresariales relevantes

Además de ERP y CRM, existen otros sistemas que soportan procesos de negocio:

- SCM (Supply Chain Management): gestión de la cadena de suministro.
- BI (Business Intelligence): análisis de datos.
- Sistemas de gestión documental.
- Plataformas cloud empresariales.

2.1.2.2 INVENTARIO DE ACTIVOS Y SERVICIOS TI

El inventario de activos y servicios TI es un elemento esencial dentro de la gestión de sistemas, ya que permite conocer todos los recursos tecnológicos disponibles en la organización y su relación con los procesos de negocio.

Concepto

Un inventario de activos TI es un registro estructurado que recoge todos los elementos tecnológicos y servicios que forman parte de la infraestructura de la organización.

Incluye:

- Hardware.
- Software.
- Datos.
- Redes.
- Servicios TI.

Tipos de activos

Los activos pueden clasificarse en:

- Activos físicos: servidores, equipos, dispositivos de red.
- Activos lógicos: aplicaciones, sistemas operativos, bases de datos.
- Activos de información: datos y documentos.
- Activos humanos: personal técnico y usuarios.

Contenido del inventario

Un inventario completo debe incluir:

- Identificación del activo.
- Ubicación.
- Responsable.
- Estado (activo, obsoleto, en mantenimiento).
- Nivel de criticidad.
- Relación con procesos de negocio.

Servicios TI

Además de los activos, es necesario identificar los servicios TI, que representan la funcionalidad que la tecnología proporciona a la organización.

Ejemplos:

- Servicio de correo electrónico.
- Servicio de almacenamiento.
- Servicio de gestión de clientes.
- Servicio de red.

Importancia del inventario

El inventario de activos y servicios TI permite:

- Gestionar recursos de forma eficiente.
- Identificar riesgos y vulnerabilidades.
- Planificar mantenimiento y actualizaciones.
- Facilitar auditorías y cumplimiento normativo.
- Establecer planes de continuidad.

Relación con la seguridad

Un inventario actualizado es fundamental para:

⚑ Aplicar controles de seguridad.

⚑ Detectar activos no autorizados.

⚑ Gestionar incidencias.

⚑ Cumplir con estándares como ISO 27001.

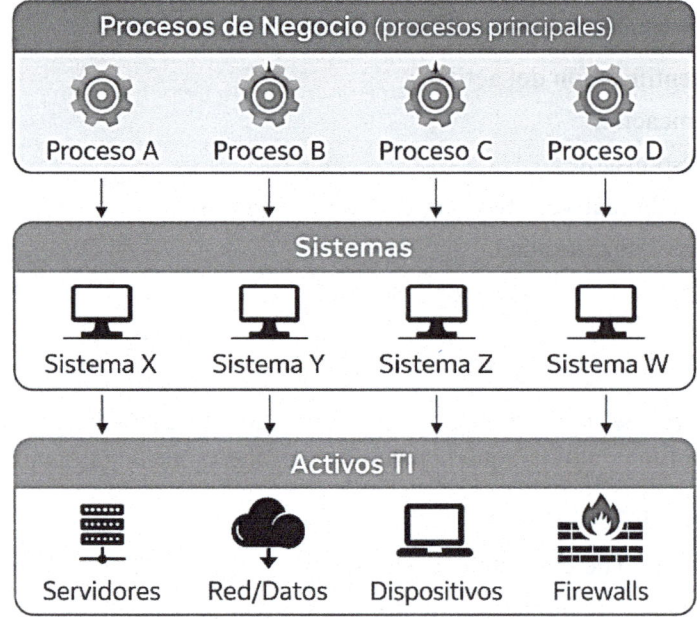

Relación jerárquica de procesos y sistemas

2.2 CARACTERÍSTICAS DE LOS PROCESOS ELECTRÓNICOS

Los procesos electrónicos son aquellos procesos de negocio que se ejecutan mediante sistemas informáticos, ya sea de forma total o parcial. Estos procesos constituyen la base de la digitalización empresarial y permiten automatizar actividades, reducir costes y mejorar la eficiencia.

Características principales

Los procesos electrónicos presentan una serie de características diferenciadoras:

- Automatización: ejecución de tareas sin intervención humana directa.
- Rapidez: procesamiento inmediato de la información.
- Trazabilidad: registro de todas las operaciones realizadas.
- Escalabilidad: capacidad de adaptarse a un mayor volumen de trabajo.
- Integración: conexión entre diferentes sistemas y aplicaciones.

Digitalización de procesos

La transformación de procesos tradicionales en procesos electrónicos implica:

- Sustitución de documentos físicos por digitales.
- Automatización de tareas manuales.
- Integración de sistemas de información.

Ejemplo

Proceso tradicional:

- Recepción de pedido en papel.
- Introducción manual en el sistema.

Proceso electrónico:

- Pedido realizado online.
- Registro automático en el sistema.

Ventajas de los procesos electrónicos

- Reducción de errores humanos.
- Aumento de la eficiencia.
- Mejora en la calidad del servicio.
- Reducción de costes operativos.
- Acceso rápido a la información.

Riesgos asociados

- Dependencia tecnológica.

- Vulnerabilidades de seguridad.

- Fallos del sistema.

- Pérdida de datos.

Por ello, es necesario implementar medidas de seguridad y planes de contingencia.

Importancia en la organización

Los procesos electrónicos son fundamentales para:

- La transformación digital.

- La competitividad empresarial.

- La innovación tecnológica.

- La mejora continua de procesos.

Su correcta gestión permite a las organizaciones adaptarse a un entorno cada vez más digitalizado y exigente.

2.2.1 Estados y gestión de procesos

Los procesos electrónicos, al ejecutarse dentro de sistemas informáticos, siguen una lógica estructurada basada en estados y transiciones. Cada proceso no es una acción aislada, sino una secuencia organizada de fases que evolucionan a lo largo del tiempo en función de eventos, decisiones y condiciones.

La gestión de procesos implica controlar su ejecución, supervisar su estado en cada momento y garantizar que evolucionan correctamente desde su inicio hasta su finalización. Este control es esencial para asegurar la eficiencia operativa, la trazabilidad de las actividades y la correcta coordinación entre sistemas.

Concepto de estado de un proceso

Un estado representa la situación en la que se encuentra un proceso en un momento determinado. A medida que el proceso avanza, va cambiando de estado en función de:

▶ La ejecución de tareas.

▶ La recepción de eventos.

▶ La toma de decisiones.

Ejemplos de estados en un proceso:

▶ Pendiente.

▶ En ejecución.

▶ En espera.

▶ Completado.

▶ Cancelado.

Gestión de estados

La gestión de estados consiste en:

▶ Definir los posibles estados de un proceso.

▶ Establecer las transiciones entre estados.

▶ Controlar el paso de un estado a otro.

▶ Monitorizar la evolución del proceso.

Esta gestión permite:

▶ Garantizar la coherencia del proceso.

▶ Evitar errores o bloqueos.

▶ Facilitar la automatización.

▶ Mejorar la supervisión y control.

Transiciones de estado

Las transiciones son los cambios que se producen entre estados y están condicionadas por:

- Reglas de negocio.
- Eventos externos o internos.
- Condiciones predefinidas.

Por ejemplo:

- Un pedido pasa de “pendiente” a “procesado” cuando se valida el pago.
- Un incidente pasa de “abierto” a “resuelto” cuando se soluciona el problema.

2.2.1.1 CICLO DE VIDA DE PROCESOS

El ciclo de vida de un proceso describe las distintas fases por las que atraviesa desde su creación hasta su finalización. Este concepto es fundamental para comprender cómo se gestionan los procesos dentro de los sistemas de información.

Fases del ciclo de vida

El ciclo de vida de un proceso suele incluir las siguientes fases:

1. **Definición o diseño**
   En esta fase se define el proceso:
   - Identificación de actividades.
   - Definición de roles y responsabilidades.
   - Establecimiento de reglas de negocio.
   - Modelado del proceso (BPMN).
2. **Implementación**
   El proceso se configura en los sistemas de información:
   - Parametrización en aplicaciones.
   - Integración con otros sistemas.
   - Configuración de automatizaciones.

3. **Ejecución**

   El proceso se pone en funcionamiento:

   - Se ejecutan las tareas.

   - Se procesan datos.

   - Interactúan usuarios y sistemas.

4. **Monitorización**

   Se realiza el seguimiento del proceso:

   - Control de estados.

   - Medición de tiempos y rendimiento.

   - Detección de incidencias.

5. **Optimización**

   Se introducen mejoras:

   - Eliminación de ineficiencias.

   - Automatización de tareas.

   - Rediseño del proceso.

Importancia del ciclo de vida

La gestión del ciclo de vida permite:

- Mejorar la eficiencia de los procesos.
- Detectar errores y cuellos de botella.
- Adaptar los procesos a cambios organizativos.
- Facilitar la mejora continua.

Ejemplo práctico

Proceso de gestión de incidencias:

1. Registro de incidencia.

2. Asignación a técnico.

3. Resolución.

4. Cierre.

5. Evaluación del servicio.

Cada fase representa un estado dentro del ciclo de vida.

2.2.1.2 GESTIÓN DE EVENTOS Y SEÑALES

En los procesos electrónicos, los eventos y señales son elementos clave que determinan el flujo de ejecución. Actúan como desencadenantes que provocan cambios en el estado de los procesos.

Concepto de evento

Un evento es cualquier suceso que afecta al desarrollo de un proceso. Puede ser:

▼ Interno: generado dentro del sistema.

▼ Externo: procedente de otros sistemas o usuarios.

Ejemplos:

▼ Recepción de un pedido.

▼ Confirmación de pago.

▼ Fallo en un sistema.

Tipos de eventos

Los eventos pueden clasificarse en:

▼ Eventos de inicio: desencadenan el proceso.

▼ Eventos intermedios: modifican su ejecución.

▼ Eventos de fin: indican la finalización del proceso.

Señales en los procesos

Las señales son mecanismos de comunicación entre procesos o sistemas que permiten coordinar su funcionamiento.

Características:

▼ Permiten la sincronización de procesos.

▼ Facilitan la comunicación entre sistemas distribuidos.

▼ Activan acciones en otros procesos.

Ejemplo:

- Un sistema de pagos envía una señal al sistema de pedidos para confirmar una transacción.

Gestión de eventos

La gestión de eventos implica:

- Detectar eventos relevantes.
- Clasificarlos según su importancia.
- Asociarlos a acciones específicas.
- Registrar su ocurrencia.

Sistemas de gestión de eventos

En entornos empresariales, existen herramientas específicas para la gestión de eventos:

- Sistemas de monitorización.
- Sistemas de gestión de incidencias.
- Plataformas de eventos (event-driven architecture).

Importancia

La correcta gestión de eventos y señales permite:

- Automatizar procesos.
- Mejorar la capacidad de respuesta.
- Detectar incidencias en tiempo real.
- Garantizar la continuidad operativa.

Ejemplo práctico

En un sistema de comercio electrónico:

- Evento: cliente realiza un pedido.
- Evento intermedio: confirmación de pago.
- Señal: envío de orden al sistema logístico.
- Evento final: entrega del producto.

La gestión de estados, el ciclo de vida de los procesos y el control de eventos constituyen elementos esenciales para garantizar el correcto funcionamiento de los procesos electrónicos, permitiendo su automatización, supervisión y mejora continua dentro de los sistemas de información.

2.2.2 Gestión de recursos del sistema

La gestión de recursos del sistema es una función esencial de los sistemas operativos y de las plataformas de infraestructura, ya que permite administrar de forma eficiente los recursos disponibles para garantizar el correcto funcionamiento de los procesos electrónicos. Estos recursos incluyen, principalmente, la CPU, la memoria, el almacenamiento y los dispositivos de entrada/salida.

En entornos empresariales, donde múltiples procesos se ejecutan simultáneamente, una gestión adecuada de los recursos resulta fundamental para:

- Mantener la estabilidad del sistema.
- Garantizar la disponibilidad de los servicios.
- Evitar cuellos de botella.
- Optimizar el rendimiento global.
- Reducir tiempos de respuesta.

La gestión de recursos implica la asignación, control y monitorización de dichos recursos, asegurando que cada proceso disponga de lo necesario sin comprometer el funcionamiento del resto.

2.2.2.1 PLANIFICACIÓN DE CPU Y MEMORIA

La planificación de CPU y memoria es uno de los aspectos más críticos en la gestión de recursos, ya que estos dos elementos determinan directamente la capacidad de procesamiento del sistema.

Planificación de CPU

La CPU es el componente encargado de ejecutar las instrucciones de los procesos. Dado que varios procesos pueden requerir simultáneamente el uso de la CPU, el sistema operativo debe decidir cuál se ejecuta en cada momento.

Este proceso se conoce como planificación o scheduling.

Objetivos de la planificación

▶ Maximizar el uso de la CPU.

▶ Reducir el tiempo de espera de los procesos.

▶ Garantizar la equidad entre procesos.

▶ Priorizar procesos críticos.

Tipos de planificación

▶ Planificación a largo plazo: determina qué procesos se admiten en el sistema.

▶ Planificación a medio plazo: gestiona la suspensión y reanudación de procesos.

▶ Planificación a corto plazo: decide qué proceso se ejecuta en cada instante.

Algoritmos de planificación

Entre los algoritmos más utilizados destacan:

▶ FIFO (First In, First Out): los procesos se ejecutan en orden de llegada.

▶ Round Robin: asigna intervalos de tiempo (quantum) a cada proceso.

▶ Prioridades: los procesos se ejecutan según su nivel de prioridad.

▶ SJF (Shortest Job First): prioriza los procesos más cortos.

Cada algoritmo tiene ventajas e inconvenientes en términos de eficiencia y equidad.

Gestión de memoria

La memoria es el recurso que permite almacenar temporalmente los datos y programas en ejecución. Su gestión es fundamental para evitar errores, bloqueos y pérdida de rendimiento.

Funciones principales

▶ Asignación de memoria a procesos.

▶ Liberación de memoria cuando ya no es necesaria.

▶ Protección entre procesos.

▶ Optimización del uso de memoria.

Técnicas de gestión de memoria

- Memoria contigua: asignación de bloques continuos.

- Paginación: división de la memoria en páginas.

- Segmentación: organización en segmentos lógicos.

- Memoria virtual: uso de almacenamiento secundario como extensión de la memoria principal.

Problemas comunes

- Fragmentación: pérdida de espacio útil.

- Saturación de memoria: exceso de procesos.

- Swapping: intercambio constante entre memoria y disco, que reduce el rendimiento.

Importancia de la planificación conjunta

La CPU y la memoria están estrechamente relacionadas:

- Un proceso necesita memoria para ejecutarse en CPU.

- Una mala gestión de memoria afecta al rendimiento de la CPU.

Por ello, su planificación debe realizarse de forma coordinada.

2.2.2.2 OPTIMIZACIÓN DEL RENDIMIENTO

La optimización del rendimiento consiste en aplicar técnicas y estrategias que permitan mejorar la eficiencia del sistema, reduciendo tiempos de respuesta y aprovechando al máximo los recursos disponibles.

Objetivos de la optimización

- Reducir el tiempo de ejecución de procesos.

- Minimizar el consumo de recursos.

- Mejorar la experiencia del usuario.

- Garantizar la estabilidad del sistema.

Técnicas de optimización

Optimización de CPU

▶ Ajuste de prioridades de procesos.

▶ Distribución de carga entre núcleos (multicore).

▶ Eliminación de procesos innecesarios.

Optimización de memoria

▶ Liberación de memoria no utilizada.

▶ Uso eficiente de memoria virtual.

▶ Ajuste de parámetros del sistema.

Optimización de almacenamiento

▶ Uso de discos SSD frente a HDD.

▶ Desfragmentación (en sistemas tradicionales).

▶ Optimización de accesos a disco.

Optimización de red

▶ Reducción de latencia.

▶ Balanceo de carga.

▶ Optimización del tráfico.

Monitorización del rendimiento

Para optimizar el sistema es necesario medir su comportamiento mediante indicadores como:

▶ Uso de CPU.

▶ Consumo de memoria.

▶ Tiempo de respuesta.

▶ Tasa de errores.

La monitorización permite detectar problemas y aplicar mejoras.

Técnicas avanzadas

▸ Virtualización: permite optimizar el uso de recursos compartidos.

▸ Contenedores: ejecución eficiente de aplicaciones aisladas.

▸ Balanceo de carga: distribución de tareas entre varios sistemas.

▸ Escalabilidad: adaptación del sistema a la demanda.

Importancia en entornos empresariales

En sistemas empresariales, la optimización del rendimiento es crítica para:

▸ Garantizar la continuidad del negocio.

▸ Soportar grandes volúmenes de usuarios.

▸ Evitar caídas del sistema.

▸ Reducir costes operativos.

2.3 MONITORIZACIÓN DEL SISTEMA OPERATIVO

La monitorización del sistema operativo es una actividad esencial dentro de la administración de sistemas, ya que permite supervisar en tiempo real el comportamiento de los recursos y detectar posibles incidencias antes de que afecten al funcionamiento del sistema o a los procesos de negocio.

En entornos empresariales, donde la disponibilidad y el rendimiento son críticos, la monitorización continua se convierte en una herramienta clave para garantizar:

▸ La estabilidad del sistema.

▸ La detección temprana de fallos.

▸ La optimización del rendimiento.

▸ La prevención de incidencias.

▸ La seguridad de la información.

La monitorización no solo consiste en observar el estado del sistema, sino también en analizar tendencias, generar alertas y facilitar la toma de decisiones.

2.3.1 Herramientas de monitorización

Las herramientas de monitorización permiten recoger, analizar y visualizar información sobre el estado del sistema operativo y sus recursos. Estas herramientas pueden ser:

▸ Integradas en el propio sistema operativo.

▸ Externas o de terceros.

▸ Locales o centralizadas.

Entre los principales aspectos que se monitorizan destacan:

▸ Uso de CPU.

▸ Consumo de memoria.

▸ Actividad de disco.

▸ Tráfico de red.

▸ Procesos en ejecución.

▸ Eventos del sistema.

Las herramientas modernas permiten además:

▸ Generar alertas automáticas.

▸ Visualizar datos en dashboards.

▸ Integrarse con sistemas de gestión de incidencias.

2.3.1.1 MONITORIZACIÓN EN WINDOWS 11

El sistema operativo Windows 11 incorpora diversas herramientas nativas que permiten monitorizar el estado del sistema y gestionar sus recursos.

Administrador de tareas

El Administrador de tareas es la herramienta más básica y utilizada. Permite:

▸ Visualizar procesos en ejecución.

▸ Analizar el uso de CPU, memoria, disco y red.

▸ Finalizar procesos que no responden.

▸ Identificar aplicaciones con alto consumo de recursos.

Es especialmente útil para diagnósticos rápidos.

Monitor de recursos

El Monitor de recursos proporciona información más detallada que el Administrador de tareas:

- Uso de CPU por proceso.
- Consumo de memoria física y virtual.
- Actividad de disco (lectura/escritura).
- Conexiones de red activas.

Permite identificar cuellos de botella y problemas de rendimiento.

Monitor de rendimiento

El Monitor de rendimiento es una herramienta avanzada que permite:

- Analizar métricas del sistema en tiempo real.
- Crear contadores personalizados.
- Generar informes de rendimiento.
- Monitorizar tendencias a largo plazo.

Es especialmente útil en entornos profesionales.

Visor de eventos

El Visor de eventos registra todos los eventos relevantes del sistema:

- Errores.
- Advertencias.
- Información del sistema.
- Eventos de seguridad.

Permite analizar incidencias y detectar problemas recurrentes.

PowerShell y herramientas avanzadas

Windows 11 también permite la monitorización mediante scripts y comandos:

- Uso de PowerShell para automatización.
- Consulta de métricas del sistema.
- Integración con herramientas externas.

2.3.1.2 MONITORIZACIÓN EN LINUX

El sistema operativo Linux ofrece una amplia variedad de herramientas de monitorización, muchas de ellas basadas en línea de comandos, lo que proporciona gran flexibilidad y control.

Comandos básicos de monitorización

Linux dispone de múltiples comandos para analizar el sistema:

- top: muestra procesos en tiempo real.
- htop: versión mejorada de top con interfaz más visual.
- ps: lista de procesos.
- free: uso de memoria.
- df: espacio en disco.
- iotop: actividad de entrada/salida.
- netstat o ss: conexiones de red.

Estas herramientas permiten un análisis rápido y eficiente.

Herramientas de monitorización del sistema

- vmstat: estadísticas de memoria, procesos y CPU.
- sar: recopilación de datos históricos.
- uptime: carga del sistema.

Estas herramientas permiten analizar el comportamiento del sistema a lo largo del tiempo.

Logs del sistema

Linux utiliza archivos de log para registrar eventos:

- /var/log/syslog
- /var/log/auth.log
- /var/log/kern.log

Estos registros permiten detectar errores, accesos indebidos y fallos del sistema.

Herramientas avanzadas

En entornos profesionales, se utilizan herramientas más avanzadas:

- Monitorización centralizada.
- Sistemas de alertas.
- Integración con dashboards.

Estas herramientas permiten gestionar múltiples sistemas de forma eficiente.

Importancia de la monitorización

La monitorización del sistema operativo es fundamental para:

- Garantizar el correcto funcionamiento del sistema.
- Detectar problemas antes de que se conviertan en incidencias graves.
- Optimizar el rendimiento.
- Mejorar la seguridad.
- Facilitar la administración de sistemas.

2.3.2 TÉCNICAS DE GESTIÓN DE RECURSOS

La gestión eficiente de los recursos del sistema no solo depende de la planificación interna del sistema operativo, sino también de la aplicación de técnicas avanzadas que permiten distribuir la carga de trabajo, optimizar el uso de la infraestructura y garantizar la disponibilidad de los servicios.

En entornos empresariales modernos, caracterizados por arquitecturas distribuidas, servicios en la nube y aplicaciones de alta demanda, estas técnicas resultan imprescindibles para:

▸ Evitar sobrecargas en sistemas individuales.

▸ Garantizar la continuidad del servicio.

▸ Mejorar el rendimiento global.

▸ Optimizar el uso de recursos disponibles.

▸ Facilitar la escalabilidad de los sistemas.

Entre las técnicas más relevantes destacan el balanceo de carga y la virtualización, junto con el uso de contenedores.

2.3.2.1 BALANCEO DE CARGA

El balanceo de carga es una técnica que consiste en distribuir de manera equilibrada las solicitudes o tareas entre varios recursos (servidores, redes, sistemas), con el objetivo de evitar la sobrecarga de un único elemento y mejorar el rendimiento del sistema.

Concepto

En lugar de que un solo servidor procese todas las peticiones, el balanceador de carga reparte el trabajo entre varios servidores, lo que permite:

▸ Aumentar la capacidad de procesamiento.

▸ Mejorar la disponibilidad del servicio.

▸ Reducir tiempos de respuesta.

Tipos de balanceo de carga

Balanceo de carga estático

▸ La distribución se realiza según reglas predefinidas.

▸ No tiene en cuenta el estado actual de los sistemas.

▸ Es más simple, pero menos eficiente.

Balanceo de carga dinámico

▶ Tiene en cuenta el estado de los servidores (carga, disponibilidad).

▶ Distribuye las solicitudes de forma más eficiente.

▶ Requiere monitorización continua.

Algoritmos de balanceo

▶ Round Robin: distribuye las peticiones de forma secuencial.

▶ Least Connections: asigna la petición al servidor con menos conexiones activas.

▶ Hashing: asigna solicitudes en función de parámetros (IP, sesión).

Componentes

Un sistema de balanceo de carga incluye:

▶ Balanceador (hardware o software).

▶ Servidores backend.

▶ Sistema de monitorización.

Ventajas

▶ Alta disponibilidad.

▶ Escalabilidad horizontal.

▶ Reducción de fallos.

▶ Mejora del rendimiento.

Ejemplo

En una aplicación web:

▶ Un usuario realiza una solicitud.

▶ El balanceador la dirige al servidor menos cargado.

▶ Si un servidor falla, el sistema redirige las solicitudes a otros.

2.3.2.2 VIRTUALIZACIÓN Y CONTENEDORES (DOCKER, KUBERNETES)

La virtualización y el uso de contenedores son tecnologías clave en la gestión moderna de recursos, ya que permiten aprovechar mejor la infraestructura y facilitar la ejecución de aplicaciones en entornos aislados.

Virtualización

La virtualización consiste en crear versiones virtuales de recursos físicos, como servidores, sistemas operativos o redes, permitiendo que múltiples entornos se ejecuten sobre un mismo hardware.

Tipos de virtualización

- Virtualización de servidores.
- Virtualización de escritorios.
- Virtualización de redes.
- Virtualización de almacenamiento.

Características principales

- Aislamiento entre sistemas.
- Uso eficiente del hardware.
- Flexibilidad en la gestión de recursos.
- Facilidad de escalado.

Hipervisores

La virtualización se basa en el uso de hipervisores, que gestionan las máquinas virtuales:

- Tipo 1 (bare metal): se ejecutan directamente sobre el hardware.
- Tipo 2: se ejecutan sobre un sistema operativo.

Contenedores

Los contenedores representan una evolución de la virtualización, ya que permiten ejecutar aplicaciones de forma aislada sin necesidad de virtualizar todo el sistema operativo.

Características

- Ligereza: consumen menos recursos que las máquinas virtuales.
- Portabilidad: funcionan en distintos entornos.
- Rapidez de despliegue.
- Aislamiento de aplicaciones.

Docker

Docker es una de las herramientas más utilizadas para la creación y gestión de contenedores.

Permite:

- Crear imágenes de aplicaciones.
- Ejecutar contenedores aislados.
- Gestionar dependencias de forma eficiente.

Kubernetes

Kubernetes es una plataforma de orquestación de contenedores que permite gestionar múltiples contenedores de forma automatizada.

Funciones principales:

- Despliegue automático de aplicaciones.
- Escalado dinámico.
- Balanceo de carga interno.
- Gestión de fallos y recuperación automática.

Ventajas de contenedores frente a virtualización tradicional

- Menor consumo de recursos.
- Mayor velocidad de ejecución.
- Mejor portabilidad.
- Escalabilidad más eficiente.

Aplicación en entornos empresariales

La combinación de virtualización y contenedores permite:

- Crear infraestructuras flexibles.
- Optimizar el uso de recursos.
- Facilitar la implantación de aplicaciones.
- Mejorar la disponibilidad de servicios.

Relación con la gestión de recursos

Estas tecnologías permiten:

- Distribuir la carga de trabajo.
- Optimizar el uso de CPU y memoria.
- Adaptar la infraestructura a la demanda.
- Automatizar la gestión de sistemas.

Las técnicas de balanceo de carga, virtualización y uso de contenedores constituyen herramientas esenciales para la gestión moderna de recursos, permitiendo a las organizaciones construir sistemas escalables, eficientes y resilientes en entornos tecnológicos cada vez más exigentes.

2.4 ACTIVIDADES

Actividad práctica 1. Identificación de procesos de negocio soportados por TI

Objetivo: reconocer procesos de negocio y determinar su grado de dependencia tecnológica.

Enunciado: una empresa de distribución gestiona las siguientes actividades:

- Recepción de pedidos de clientes a través de una tienda online.
- Control de inventario mediante un sistema ERP.
- Facturación automática.
- Gestión manual de incidencias internas por correo electrónico.
- Elaboración de informes comerciales con datos extraídos del CRM.

Tareas:

1. Identifica cuáles de estas actividades son procesos soportados por TI.

2. Clasifica cada proceso como:
   - Automatizado,
   - Asistido,
   - Manual con soporte tecnológico.

3. Indica cuáles de ellos considerarías críticos para el negocio y justifica tu respuesta.

4. Explica qué consecuencias tendría la caída del sistema en cada caso.

Actividad práctica 2. Modelado de un proceso empresarial

Objetivo: representar gráficamente un proceso e identificar sus elementos principales.

Enunciado: debes analizar el proceso de gestión de pedidos en una empresa de comercio electrónico. El proceso sigue estas fases:

- El cliente realiza un pedido.
- El sistema valida el pago.
- Se comprueba el stock disponible.
- Si hay existencias, se genera la orden de preparación.
- Si no hay existencias, se notifica al cliente.
- El pedido se envía al sistema logístico.
- Finalmente, el pedido se entrega y se cierra el proceso.

Tareas:

1. Elabora un diagrama de flujo o un modelo BPMN sencillo del proceso.

2. Identifica:
   - Evento de inicio,
   - Actividades,
   - Decisiones,
   - Evento final.

3. Señala qué sistemas de información intervienen en cada fase.

4. Indica en qué puntos podrían producirse cuellos de botella o errores.

Actividad práctica 3. Relación entre procesos y activos

Objetivo: analizar las dependencias entre procesos de negocio y activos de información.

Enunciado: en una organización se ha identificado el proceso de facturación como uno de los más importantes. Para su ejecución intervienen los siguientes activos:

- Sistema ERP.
- Base de datos de clientes.
- Servidor de aplicaciones.
- Red corporativa.
- Personal administrativo.

Tareas:

1. Explica la función de cada activo dentro del proceso de facturación.

2. Indica qué ocurriría si fallara cada uno de ellos.

3. Clasifica los activos según su criticidad: crítico, importante o secundario.

4. Propón dos medidas para proteger los activos más relevantes.

Actividad práctica 4. Análisis del ciclo de vida y estados de un proceso

Objetivo: comprender cómo evoluciona un proceso electrónico a través de sus estados.

Enunciado: una empresa utiliza un sistema de gestión de incidencias con los siguientes estados posibles:

- Registrada.
- Asignada.
- En análisis.
- Resuelta.
- Cerrada.
- Cancelada.

Tareas:

1. Ordena los estados del proceso siguiendo una secuencia lógica.

2. Explica qué condiciones o eventos permiten pasar de un estado a otro.

3. Indica en qué puntos podría quedar bloqueado el proceso.

4. Propón una mejora para hacer más eficiente la gestión de incidencias.

Actividad práctica 5. Evaluación de técnicas de gestión de recursos y monitorización

Objetivo: relacionar la ejecución de procesos con el uso eficiente de recursos del sistema.

Enunciado: un sistema empresarial presenta los siguientes síntomas:

- Uso de CPU muy elevado en horas punta.

- Alta ocupación de memoria.

- Lentitud en aplicaciones críticas.

- Interrupciones ocasionales del servicio web.

La empresa está valorando aplicar distintas técnicas, como balanceo de carga, virtualización, contenedores y monitorización avanzada.

Tareas:

1. Explica qué problemas de rendimiento presenta el sistema.

2. Indica qué herramienta o técnica aplicarías en cada caso:
   - Monitorización,
   - Balanceo de carga,
   - Virtualización,
   - Contenedores.

3. Justifica cómo cada técnica contribuiría a mejorar el funcionamiento del sistema.

4. Propón dos indicadores que deberían supervisarse de forma continua.

2.5 CUESTIONARIO

1. **¿Qué se entiende por proceso de negocio soportado por TI?**
   a) Un proceso exclusivamente manual.
   b) Un proceso que no utiliza tecnología.
   c) Un proceso que utiliza sistemas de información en su ejecución.
   d) Un proceso únicamente estratégico.

2. **¿Cuál es el principal objetivo del análisis de procesos de sistemas?**
   a) Reducir el número de empleados.
   b) Identificar, optimizar y controlar los procesos soportados por TI.
   c) Eliminar los sistemas informáticos.
   d) Sustituir todos los procesos manuales.

3. **¿Qué herramienta se utiliza habitualmente para representar procesos de negocio de forma gráfica?**
   a) SQL.
   b) BPMN.
   c) HTML.
   d) FTP.

4. **¿Qué función principal tiene la metodología BPM?**
   a) Programar aplicaciones.
   b) Gestionar el ciclo de vida de los procesos de negocio.
   c) Administrar redes.
   d) Diseñar hardware.

5. **¿Qué caracteriza a la automatización de procesos mediante RPA?**
   a) Sustituye completamente los sistemas informáticos.
   b) Automatiza tareas repetitivas mediante software.
   c) Solo se aplica en redes.
   d) Elimina la necesidad de datos.

6. **¿Cuál de los siguientes es un sistema ERP?**
   a) Un sistema de gestión de clientes.
   b) Un sistema de planificación de recursos empresariales.
   c) Un sistema operativo.
   d) Un antivirus.

7. **¿Qué elemento permite conocer todos los recursos tecnológicos de una organización?**
   a) Firewall.
   b) Inventario de activos TI.
   c) Sistema operativo.
   d) Router.

8. **¿Qué representa un estado dentro de un proceso?**
   a) Un error del sistema.
   b) La situación del proceso en un momento determinado.
   c) Un tipo de hardware.
   d) Un protocolo de red.

9. **¿Qué técnica permite distribuir la carga de trabajo entre varios servidores?**
   a) Virtualización.
   b) Balanceo de carga.
   c) Segmentación.
   d) Paginación.

10. **¿Cuál es la principal ventaja de los contenedores frente a las máquinas virtuales?**
    a) Mayor consumo de recursos.
    b) Menor velocidad.
    c) Mayor ligereza y eficiencia.
    d) Menor seguridad.

RESPUESTAS

1. c

2. b

3. b

4. b

5. b

6. b

7. b

8. b

9. b

10. c

3

SISTEMAS DE ALMACENAMIENTO

Los sistemas de almacenamiento constituyen uno de los elementos fundamentales dentro de la infraestructura tecnológica de cualquier organización, ya que permiten guardar, gestionar y recuperar la información necesaria para el desarrollo de los procesos de negocio. En un entorno digital, la información es uno de los activos más valiosos, por lo que su correcta gestión resulta esencial para garantizar la continuidad operativa, la seguridad y la eficiencia de los sistemas.

El almacenamiento no solo implica la capacidad de guardar datos, sino también aspectos como:

- La velocidad de acceso a la información.
- La fiabilidad y disponibilidad de los datos.
- La escalabilidad de la infraestructura.
- La seguridad y protección frente a pérdidas o accesos no autorizados.

Los sistemas de almacenamiento han evolucionado significativamente en los últimos años, pasando de soluciones locales basadas en dispositivos físicos a entornos distribuidos y almacenamiento en la nube, capaces de gestionar grandes volúmenes de datos de forma eficiente.

3.1 TIPOS DE ALMACENAMIENTO

El almacenamiento puede clasificarse en función de diferentes criterios, como su ubicación, tecnología o forma de acceso. Esta clasificación permite seleccionar la solución más adecuada en función de las necesidades de la organización.

Entre los principales tipos de almacenamiento destacan:

- Almacenamiento local: integrado en el propio equipo.

- Almacenamiento en red: accesible a través de una red (NAS, SAN).

- Almacenamiento en la nube: gestionado por proveedores externos.

- Almacenamiento híbrido: combinación de almacenamiento local y cloud.

Cada tipo presenta ventajas e inconvenientes en términos de coste, rendimiento, seguridad y escalabilidad.

3.1.1 Dispositivos físicos

Los dispositivos físicos de almacenamiento son los componentes hardware encargados de guardar la información de forma permanente o temporal. Constituyen la base de cualquier sistema de almacenamiento y su elección influye directamente en el rendimiento y la fiabilidad del sistema.

Tipos de dispositivos físicos

Discos duros (HDD)

Los discos duros tradicionales (Hard Disk Drive) utilizan tecnología magnética para almacenar la información en platos giratorios.

Características:

- Gran capacidad de almacenamiento.

- Coste relativamente bajo.

- Velocidad de acceso inferior a otras tecnologías.

- Mayor susceptibilidad a fallos mecánicos.

Son adecuados para almacenamiento masivo de datos.

Unidades de estado sólido (SSD)

Los SSD (Solid State Drive) utilizan memoria flash para almacenar datos, lo que elimina las partes mecánicas.

Características:

- Alta velocidad de lectura y escritura.
- Mayor fiabilidad (sin partes móviles).
- Menor consumo energético.
- Mayor coste por gigabyte.

Son ideales para sistemas que requieren alto rendimiento.

Unidades NVMe

Las unidades NVMe (Non-Volatile Memory Express) son una evolución de los SSD, diseñadas para aprovechar interfaces de alta velocidad como PCIe.

Características:

- Velocidad muy superior a SSD tradicionales.
- Baja latencia.
- Alto rendimiento en entornos exigentes.

Se utilizan en servidores, centros de datos y aplicaciones críticas.

Dispositivos de almacenamiento externo

Incluyen:

- Discos duros externos.
- Memorias USB.
- Tarjetas de memoria.

Se utilizan para:

- Copias de seguridad.
- Transferencia de datos.
- Almacenamiento portátil.

Sistemas RAID

El RAID (Redundant Array of Independent Disks) combina varios discos físicos para mejorar:

- Rendimiento.
- Redundancia.
- Disponibilidad.

Tipos comunes:

- RAID 0: mejora rendimiento (sin redundancia).
- RAID 1: duplicación de datos.
- RAID 5: equilibrio entre rendimiento y seguridad.

Características clave de los dispositivos de almacenamiento

Al seleccionar un dispositivo físico, es importante considerar:

- Capacidad: cantidad de datos que puede almacenar.
- Velocidad: tiempo de acceso y transferencia.
- Fiabilidad: probabilidad de fallo.
- Durabilidad: vida útil del dispositivo.
- Coste: relación precio/capacidad.

Importancia en entornos empresariales

En organizaciones, la elección de dispositivos de almacenamiento debe alinearse con:

- Las necesidades de los procesos de negocio.
- Los requisitos de rendimiento.
- Las políticas de seguridad.
- Los planes de continuidad y recuperación.

Una mala elección puede provocar:

- Pérdida de datos.
- Lentitud en los sistemas.
- Interrupciones del servicio.

Tendencias actuales

Los sistemas de almacenamiento evolucionan hacia:

- Uso de SSD y NVMe en entornos críticos.
- Integración con almacenamiento en la nube.
- Sistemas distribuidos y escalables.
- Tecnologías de almacenamiento definidas por software (SDS).

3.1.1.1 HDD, SSD Y NVME

Los dispositivos de almacenamiento físico han evolucionado significativamente en las últimas décadas, dando lugar a distintas tecnologías con características específicas en cuanto a rendimiento, capacidad y fiabilidad. Entre las más relevantes se encuentran los discos duros tradicionales (HDD), las unidades de estado sólido (SSD) y las unidades NVMe.

Discos duros (HDD)

Los HDD (Hard Disk Drive) son dispositivos de almacenamiento magnético que utilizan platos giratorios y cabezales de lectura/escritura para almacenar la información.

Características principales:

- Gran capacidad de almacenamiento a bajo coste.
- Velocidad de acceso limitada debido a componentes mecánicos.
- Mayor latencia en operaciones de lectura y escritura.
- Sensibilidad a golpes y vibraciones.

Ventajas:

▶ Económicos para grandes volúmenes de datos.

▶ Adecuados para almacenamiento masivo y copias de seguridad.

Inconvenientes:

▶ Menor rendimiento.

▶ Mayor probabilidad de fallo mecánico.

Unidades de estado sólido (SSD)

Los SSD (Solid State Drive) utilizan memoria flash para almacenar datos, eliminando los componentes mecánicos.

Características principales:

▶ Alta velocidad de acceso y transferencia.

▶ Baja latencia.

▶ Mayor resistencia a impactos.

▶ Menor consumo energético.

Ventajas:

▶ Mejora significativa del rendimiento del sistema.

▶ Mayor fiabilidad.

Inconvenientes:

▶ Coste superior por gigabyte.

▶ Vida útil limitada en ciclos de escritura (aunque elevada en la práctica).

Unidades NVMe

Las unidades NVMe (Non-Volatile Memory Express) representan una evolución de los SSD, diseñadas para trabajar sobre interfaces de alta velocidad como PCI Express (PCIe).

Características principales:

▶ Velocidades de transferencia muy superiores a SSD SATA.

▶ Acceso directo a la CPU, reduciendo la latencia.

▶ Alto rendimiento en operaciones simultáneas.

Ventajas:

▶ Ideal para entornos de alto rendimiento (servidores, bases de datos, virtualización).

▶ Mejora en tiempos de carga y procesamiento.

Inconvenientes:

▶ Coste elevado.

▶ Requiere hardware compatible.

Comparativa general

▶ HDD: alta capacidad, bajo coste, bajo rendimiento.

▶ SSD: equilibrio entre rendimiento y coste.

▶ NVMe: máximo rendimiento, mayor coste.

La elección entre estas tecnologías dependerá de las necesidades del sistema y del uso previsto.

3.1.1.2 ALMACENAMIENTO EXTERNO Y NAS

El almacenamiento externo permite ampliar la capacidad de almacenamiento de un sistema o facilitar la movilidad de los datos, mientras que los sistemas NAS ofrecen soluciones centralizadas accesibles a través de red.

Almacenamiento externo

El almacenamiento externo incluye dispositivos conectados a un equipo mediante interfaces como USB, Thunderbolt o eSATA.

Tipos más comunes:

▸ Discos duros externos.

▸ Unidades SSD externas.

▸ Memorias USB.

▸ Tarjetas de memoria.

Características:

▸ Portabilidad.

▸ Facilidad de uso.

▸ Bajo coste.

Usos habituales:

▸ Copias de seguridad.

▸ Transferencia de archivos.

▸ Almacenamiento adicional.

Limitaciones:

▸ Dependencia de conexión física.

▸ Menor seguridad si no se protegen adecuadamente.

NAS (Network Attached Storage)

El NAS es un sistema de almacenamiento conectado a una red que permite a múltiples usuarios acceder a los datos de forma centralizada.

Características principales:

▸ Acceso a través de red (LAN o Internet).

▸ Gestión centralizada del almacenamiento.

▸ Posibilidad de configurar redundancia (RAID).

▸ Acceso simultáneo por múltiples usuarios.

Ventajas:

▶ Facilita el trabajo colaborativo.

▶ Mejora la gestión de datos.

▶ Permite copias de seguridad centralizadas.

Aplicaciones:

▶ Empresas con múltiples usuarios.

▶ Entornos de trabajo compartido.

▶ Sistemas de backup.

Limitaciones:

▶ Dependencia de la red.

▶ Requiere configuración y mantenimiento.

3.1.2 Almacenamiento en la nube

El almacenamiento en la nube consiste en guardar datos en servidores remotos gestionados por proveedores externos, accesibles a través de Internet. Este modelo ha ganado gran relevancia en los últimos años debido a su flexibilidad, escalabilidad y facilidad de acceso.

Concepto

En lugar de almacenar datos en dispositivos locales, la información se guarda en infraestructuras distribuidas, permitiendo el acceso desde cualquier lugar y dispositivo.

Tipos de almacenamiento en la nube

▶ Nube pública: servicios ofrecidos por proveedores externos.

▶ Nube privada: infraestructura propia de la organización.

▶ Nube híbrida: combinación de ambas.

Características principales

- Acceso remoto a los datos.
- Escalabilidad bajo demanda.
- Alta disponibilidad.
- Redundancia y replicación de datos.

Ventajas

- Reducción de costes en infraestructura.
- Flexibilidad y escalabilidad.
- Acceso desde cualquier ubicación.
- Copias de seguridad automáticas.

Inconvenientes

- Dependencia de la conexión a Internet.
- Riesgos de seguridad si no se gestiona adecuadamente.
- Dependencia del proveedor (vendor lock-in).

Aplicaciones

- Almacenamiento de documentos.
- Copias de seguridad.
- Sistemas empresariales.
- Plataformas de trabajo colaborativo.

Importancia en entornos actuales

El almacenamiento en la nube es clave en:

- Transformación digital.
- Trabajo remoto.
- Integración de sistemas.
- Escalabilidad empresarial.

Tipo	Gestión	Ubicación	control	Escalabilidad	Coste	Seguridad
Pública	Proveedor externo	Centros de datos del proveedor	Bajo	Muy alta	Bajo-medio	Alta, pero compartida
Privada	Organización o proveedor dedicado	Instalaciones propias o dedicadas	Muy alto	Media	Alto	Muy alta
Híbrida	Mixta	Combinación de ambas	Alto	Muy alta	Variable	Muy alta

La combinación de dispositivos físicos, almacenamiento externo, NAS y soluciones en la nube permite a las organizaciones diseñar arquitecturas de almacenamiento flexibles, seguras y adaptadas a las necesidades actuales.

3.1.2.1 CLOUD PÚBLICA, PRIVADA E HÍBRIDA

El almacenamiento en la nube puede adoptar diferentes modelos en función de la propiedad de la infraestructura, el nivel de control y el acceso a los recursos. Los tres modelos principales son la nube pública, la nube privada y la nube híbrida, cada uno con características específicas que se adaptan a distintas necesidades organizativas.

Cloud pública

La nube pública es un modelo en el que los recursos de almacenamiento y procesamiento son gestionados por un proveedor externo y se ofrecen a múltiples clientes a través de Internet.

Características principales:

- Infraestructura compartida entre distintos usuarios (multi-tenant).
- Acceso bajo demanda.
- Pago por uso (modelo pay-as-you-go).
- Alta escalabilidad.

Ventajas:

- No requiere inversión inicial en infraestructura.
- Fácil despliegue de servicios.
- Alta disponibilidad y redundancia.

Inconvenientes:

▶ Menor control sobre la infraestructura.

▶ Dependencia del proveedor.

▶ Posibles preocupaciones en materia de privacidad y cumplimiento.

Cloud privada

La nube privada es un entorno de almacenamiento y procesamiento exclusivo para una organización, que puede estar alojado en sus propias instalaciones o en un proveedor externo.

Características principales:

▶ Infraestructura dedicada.

▶ Mayor control sobre los datos y sistemas.

▶ Personalización de configuraciones.

Ventajas:

▶ Mayor seguridad y control.

▶ Cumplimiento normativo más sencillo.

▶ Adaptación a necesidades específicas.

Inconvenientes:

▶ Mayor coste de implantación y mantenimiento.

▶ Menor escalabilidad que la nube pública.

Cloud híbrida

La nube híbrida combina elementos de la nube pública y privada, permitiendo a las organizaciones aprovechar las ventajas de ambos modelos.

Características principales:

▶ Integración de entornos locales y cloud.

▶ Flexibilidad en la gestión de cargas de trabajo.

▶ Posibilidad de mover datos y aplicaciones entre entornos.

Ventajas:

- Equilibrio entre coste, seguridad y escalabilidad.
- Adaptación a necesidades cambiantes.
- Optimización de recursos.

Inconvenientes:

- Mayor complejidad en la gestión.
- Requiere una correcta integración entre sistemas.

3.1.2.2 SERVICIOS COMO AMAZON WEB SERVICES Y MICROSOFT AZURE

Los proveedores de servicios en la nube ofrecen plataformas completas que permiten a las organizaciones almacenar datos, ejecutar aplicaciones y gestionar infraestructuras sin necesidad de disponer de recursos propios.

Amazon Web Services (AWS)

AWS es uno de los principales proveedores de servicios cloud a nivel mundial. Ofrece una amplia gama de servicios relacionados con almacenamiento, computación, redes y seguridad.

Servicios de almacenamiento más relevantes:

- Amazon S3: almacenamiento de objetos altamente escalable.
- Amazon EBS: almacenamiento en bloques para instancias virtuales.
- Amazon Glacier: almacenamiento de archivos a largo plazo.

Características:

- Alta disponibilidad y durabilidad de los datos.
- Escalabilidad automática.
- Amplia variedad de servicios integrados.

Microsoft Azure

Microsoft Azure es otra de las plataformas cloud líderes, especialmente integrada con entornos empresariales basados en tecnologías Microsoft.

Servicios de almacenamiento destacados:

▶ Azure Blob Storage: almacenamiento de objetos.

▶ Azure Disk Storage: almacenamiento en bloques.

▶ Azure File Storage: almacenamiento de archivos compartidos.

Características:

▶ Integración con sistemas empresariales (Windows, Active Directory).

▶ Soporte para entornos híbridos.

▶ Amplias herramientas de gestión y seguridad.

Comparativa general

▶ AWS: gran variedad de servicios y liderazgo en el mercado.

▶ Azure: fuerte integración con entornos corporativos y soluciones Microsoft.

Ambas plataformas permiten:

▶ Escalar recursos bajo demanda.

▶ Implementar sistemas distribuidos.

▶ Garantizar alta disponibilidad.

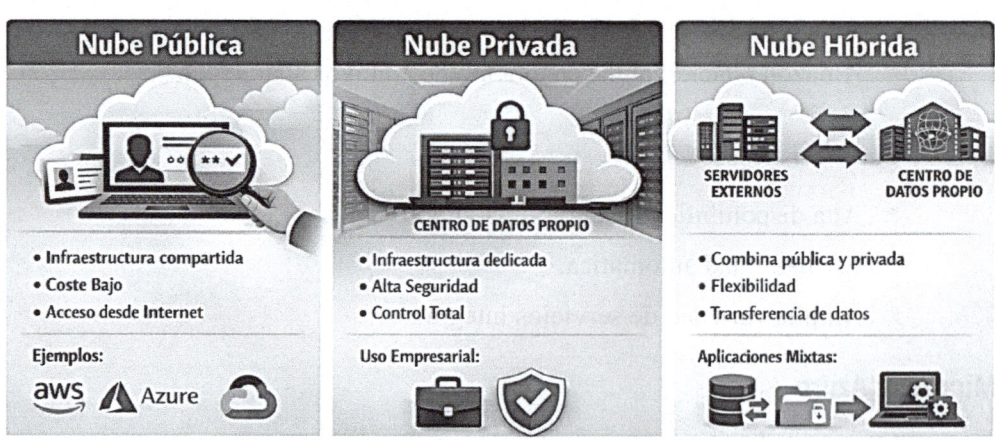

3.2 SISTEMAS DE ARCHIVOS

Los sistemas de archivos son el conjunto de estructuras y reglas que permiten organizar, almacenar y gestionar la información dentro de los dispositivos de almacenamiento. Actúan como intermediarios entre el sistema operativo y el hardware, facilitando el acceso a los datos de forma estructurada.

Concepto

Un sistema de archivos define:

- Cómo se almacenan los datos.
- Cómo se organizan en directorios y archivos.
- Cómo se accede a la información.
- Cómo se gestionan los permisos y la seguridad.

Funciones principales

- Organización de datos en archivos y carpetas.
- Gestión del espacio de almacenamiento.
- Control de acceso y permisos.
- Integridad y consistencia de los datos.
- Optimización del rendimiento.

Tipos de sistemas de archivos

Existen diferentes sistemas de archivos en función del sistema operativo y del uso:

- NTFS: utilizado en sistemas Windows.
- EXT4: común en sistemas Linux.
- FAT32 y exFAT: utilizados en dispositivos portátiles.
- APFS: utilizado en sistemas Apple.

Características clave

- Estructura jerárquica: organización en carpetas y subcarpetas.

- Gestión de metadatos: información sobre archivos (tamaño, fechas, permisos).

- Journaling: registro de operaciones para evitar corrupción de datos.

- Control de acceso: permisos de lectura, escritura y ejecución.

Importancia en la gestión de sistemas

Los sistemas de archivos son esenciales para:

- Garantizar el acceso eficiente a la información.

- Proteger los datos frente a accesos no autorizados.

- Mantener la integridad de los datos.

- Optimizar el uso del almacenamiento.

Evolución y tendencias

Los sistemas de archivos han evolucionado hacia:

- Mayor capacidad de almacenamiento.

- Mejor rendimiento.

- Mayor seguridad.

- Compatibilidad con entornos distribuidos y cloud.

La correcta elección y gestión de los sistemas de archivos es fundamental para asegurar el rendimiento, la seguridad y la disponibilidad de la información en los sistemas de almacenamiento modernos

3.2.1 Tipos de sistemas de archivos

Los sistemas de archivos son un componente esencial del sistema operativo, ya que determinan la forma en que los datos se almacenan, organizan y recuperan en los dispositivos de almacenamiento. La elección de un sistema de archivos adecuado influye directamente en el rendimiento, la seguridad, la integridad de los datos y la compatibilidad con diferentes plataformas.

Existen distintos tipos de sistemas de archivos, que pueden clasificarse en:

▶ Sistemas de archivos locales: utilizados en dispositivos individuales.

▶ Sistemas de archivos distribuidos: diseñados para entornos en red y almacenamiento distribuido.

Cada tipo responde a necesidades específicas y presenta características propias en términos de estructura, eficiencia y funcionalidad.

3.2.1.1 NTFS, EXT4, APFS

NTFS (New Technology File System)

NTFS es el sistema de archivos desarrollado por Microsoft y utilizado principalmente en sistemas Windows.

Características principales:

▶ Soporte para archivos de gran tamaño.

▶ Sistema de journaling (registro de operaciones).

▶ Control avanzado de permisos y seguridad.

▶ Compresión y cifrado de archivos.

▶ Gestión eficiente del espacio en disco.

Ventajas:

▶ Alta fiabilidad e integridad de datos.

▶ Seguridad avanzada mediante listas de control de acceso (ACL).

▶ Compatibilidad con herramientas de gestión empresarial.

Inconvenientes:

▶ Menor compatibilidad con sistemas distintos de Windows (aunque existe soporte parcial).

EXT4 (Fourth Extended File System)

EXT4 es uno de los sistemas de archivos más utilizados en sistemas Linux.

Características principales:

- Alto rendimiento y eficiencia.
- Soporte para grandes volúmenes de datos.
- Journaling para evitar pérdida de información.
- Bajo nivel de fragmentación.

Ventajas:

- Estabilidad y fiabilidad.
- Buen rendimiento en sistemas Linux.
- Amplio soporte en distribuciones Linux.

Inconvenientes:

- Compatibilidad limitada con sistemas Windows sin herramientas adicionales.

APFS (Apple File System)

APFS es el sistema de archivos desarrollado por Apple para sus sistemas operativos modernos.

Características principales:

- Optimizado para dispositivos SSD.
- Sistema de copia en escritura (copy-on-write).
- Cifrado integrado.
- Gestión eficiente del espacio.

Ventajas:

- Alto rendimiento en dispositivos Apple.
- Seguridad avanzada mediante cifrado.
- Gestión eficiente de snapshots (instantáneas).

Inconvenientes:

- Uso limitado a ecosistemas Apple.

Comparativa general

- NTFS: orientado a entornos Windows, con gran enfoque en seguridad.
- EXT4: eficiente y estable en sistemas Linux.
- APFS: optimizado para SSD y entornos Apple.

La elección del sistema de archivos dependerá del sistema operativo, el tipo de almacenamiento y los requisitos de rendimiento y seguridad.

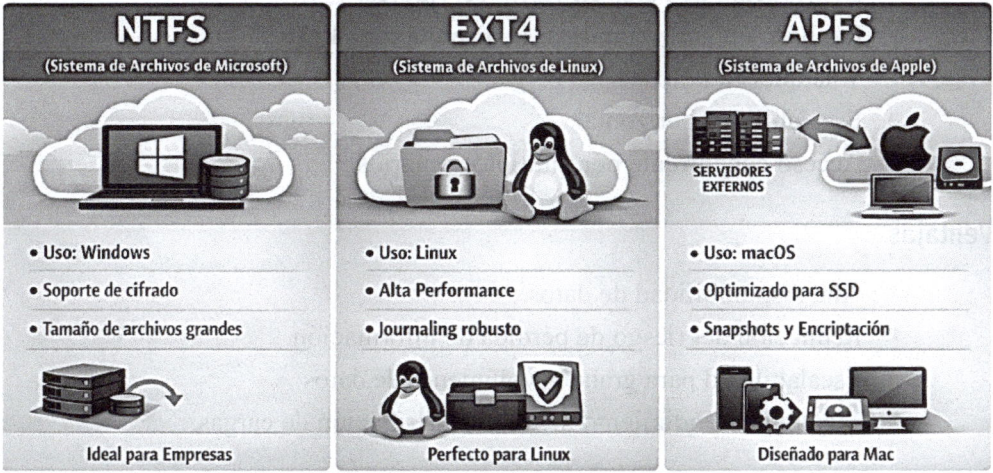

3.2.1.2 SISTEMAS DISTRIBUIDOS

Los sistemas de archivos distribuidos están diseñados para gestionar datos almacenados en múltiples dispositivos o ubicaciones, permitiendo el acceso a la información como si estuviera en un único sistema.

Estos sistemas son fundamentales en entornos empresariales modernos, especialmente en:

- Infraestructuras cloud.
- Sistemas de almacenamiento masivo.
- Entornos de big data.

Concepto

Un sistema de archivos distribuido permite:

- Almacenar datos en múltiples nodos.
- Acceder a los datos de forma transparente.
- Garantizar la disponibilidad y redundancia.

Desde el punto de vista del usuario, el sistema se presenta como un único sistema de archivos, aunque los datos estén distribuidos.

Características principales

- Distribución de datos en varios servidores.
- Replicación para garantizar la disponibilidad.
- Tolerancia a fallos.
- Escalabilidad horizontal.
- Acceso concurrente por múltiples usuarios.

Ventajas

- Alta disponibilidad de datos.
- Reducción del riesgo de pérdida de información.
- Escalabilidad para grandes volúmenes de datos.
- Mejora del rendimiento mediante distribución de cargas.

Inconvenientes

- Mayor complejidad de gestión.
- Dependencia de la red.
- Posibles problemas de latencia.

Ejemplos de sistemas distribuidos

- Sistemas de archivos en red (NFS, SMB).
- Sistemas distribuidos en entornos cloud.
- Plataformas de almacenamiento masivo en big data.

Aplicaciones

- ▶ Almacenamiento empresarial.
- ▶ Servicios en la nube.
- ▶ Plataformas de datos masivos.
- ▶ Entornos colaborativos.

Importancia en entornos actuales

Los sistemas de archivos distribuidos son esenciales para:

- ▶ Gestionar grandes volúmenes de datos.
- ▶ Garantizar la disponibilidad continua de la información.
- ▶ Soportar aplicaciones distribuidas.
- ▶ Facilitar la escalabilidad de los sistemas.

3.3 GESTIÓN DEL ALMACENAMIENTO

La gestión del almacenamiento comprende el conjunto de técnicas, herramientas y procedimientos destinados a administrar de forma eficiente los recursos de almacenamiento de una organización. Su objetivo es garantizar que los datos estén disponibles, sean accesibles, estén protegidos y se utilicen de manera óptima.

Una correcta gestión del almacenamiento permite:

- ▶ Maximizar el rendimiento de los sistemas.
- ▶ Optimizar el uso del espacio disponible.
- ▶ Garantizar la integridad y disponibilidad de los datos.
- ▶ Facilitar la recuperación ante fallos.
- ▶ Adaptarse al crecimiento de la información.

En entornos empresariales, donde el volumen de datos crece constantemente, resulta imprescindible disponer de estructuras organizadas y escalables que permitan gestionar el almacenamiento de forma eficiente.

3.3.1 Organización y estructura

La organización y estructura del almacenamiento hacen referencia a la forma en que se distribuyen y gestionan los datos dentro de los dispositivos y sistemas de almacenamiento. Esta organización permite mejorar el rendimiento, facilitar la administración y garantizar la seguridad de la información.

Entre los elementos clave de esta organización destacan:

- La distribución de datos entre múltiples dispositivos.
- La segmentación del almacenamiento en unidades lógicas.
- La implementación de mecanismos de redundancia.
- La optimización del acceso a la información.

Dos de las técnicas más importantes en este ámbito son el RAID y la gestión de volúmenes lógicos.

3.3.1.1 RAID (REDUNDANT ARRAY OF INDEPENDENT DISKS)

El RAID es una tecnología que permite combinar varios discos físicos en una única unidad lógica con el objetivo de mejorar el rendimiento, la redundancia o ambos.

Concepto

El RAID distribuye los datos entre varios discos, lo que permite:

- Aumentar la velocidad de acceso.
- Proteger los datos frente a fallos de hardware.
- Garantizar la disponibilidad del sistema.

Tipos de RAID más comunes

RAID 0 (Striping)

- Distribuye los datos entre varios discos.
- Mejora el rendimiento.
- No ofrece redundancia.

Ventaja: alta velocidad.

Inconveniente: pérdida total de datos si falla un disco.

RAID 1 (Mirroring)

▶ Duplica los datos en dos discos.

▶ Ofrece alta seguridad.

Ventaja: tolerancia a fallos.

Inconveniente: menor eficiencia en el uso del espacio.

RAID 5

▶ Distribuye los datos y la paridad entre varios discos.

▶ Requiere al menos tres discos.

Ventajas:

▶ Equilibrio entre rendimiento y seguridad.

▶ Tolerancia al fallo de un disco.

RAID 10 (1+0)

▶ Combina RAID 1 y RAID 0.

▶ Ofrece alto rendimiento y alta redundancia.

Ventajas:

▶ Alta velocidad.

▶ Alta disponibilidad.

Inconveniente: requiere más discos.

Ventajas del RAID

▶ Mejora del rendimiento.

▶ Protección frente a fallos.

▶ Mayor disponibilidad de los datos.

Limitaciones

- ▶ No sustituye a las copias de seguridad.
- ▶ Incrementa la complejidad de gestión.
- ▶ Coste adicional en hardware.

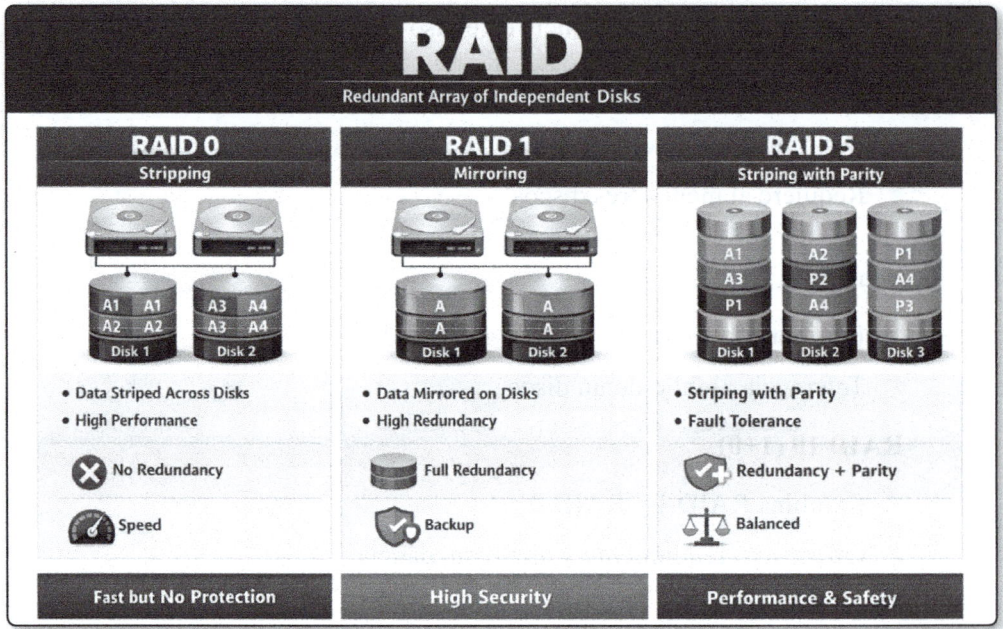

3.3.1.2 VOLÚMENES LÓGICOS

Los volúmenes lógicos son una técnica de gestión de almacenamiento que permite abstraer la estructura física de los discos, creando unidades de almacenamiento flexibles y fácilmente gestionables.

Concepto

Un volumen lógico es una unidad de almacenamiento virtual que se construye sobre uno o varios discos físicos, permitiendo gestionar el espacio de forma más flexible.

Esta tecnología se implementa mediante sistemas como LVM (Logical Volume Manager) en entornos Linux.

Componentes principales

- Volúmenes físicos (PV): discos o particiones reales.

- Grupos de volúmenes (VG): conjunto de volúmenes físicos.

- Volúmenes lógicos (LV): unidades virtuales utilizadas por el sistema.

Características

- Flexibilidad en la asignación de espacio.

- Posibilidad de ampliar o reducir volúmenes sin interrumpir el sistema.

- Independencia de la estructura física.

- Mejor aprovechamiento del almacenamiento.

Ventajas

- Escalabilidad: permite aumentar la capacidad fácilmente.

- Gestión centralizada del almacenamiento.

- Adaptación a necesidades cambiantes.

Ejemplo práctico

Una organización dispone de varios discos físicos:

- Se agrupan en un grupo de volúmenes.

- Se crean volúmenes lógicos para diferentes usos (datos, copias de seguridad, aplicaciones).

- Si se necesita más espacio, se añade un nuevo disco sin interrumpir el servicio.

Relación con RAID

RAID y volúmenes lógicos pueden combinarse:

- RAID proporciona redundancia y rendimiento.

- LVM proporciona flexibilidad en la gestión.

Esta combinación es habitual en entornos empresariales.

Importancia en la gestión del almacenamiento

La correcta organización mediante RAID y volúmenes lógicos permite:

▶ Mejorar la eficiencia del sistema.

▶ Garantizar la disponibilidad de los datos.

▶ Facilitar la administración del almacenamiento.

▶ Adaptarse al crecimiento de la información.

La gestión del almacenamiento, apoyada en técnicas como RAID y volúmenes lógicos, es fundamental para construir sistemas robustos, escalables y eficientes, capaces de soportar las necesidades actuales de las organizaciones.

3.3.2 Herramientas de gestión

La gestión del almacenamiento requiere el uso de herramientas específicas que permitan administrar, supervisar y mantener los recursos de forma eficiente. Estas herramientas facilitan tareas como la creación de particiones, la gestión de volúmenes, la monitorización del estado de los dispositivos y la protección de los datos mediante copias de seguridad.

En entornos profesionales, la utilización de herramientas adecuadas permite:

▶ Automatizar tareas de administración.

▶ Reducir errores humanos.

▶ Mejorar la eficiencia operativa.

▶ Garantizar la seguridad de la información.

▶ Facilitar la recuperación ante fallos.

Estas herramientas pueden integrarse en los sistemas operativos o formar parte de soluciones externas especializadas.

3.3.2.1 ADMINISTRACIÓN EN SISTEMAS OPERATIVOS

Los sistemas operativos modernos incorporan herramientas específicas para la gestión del almacenamiento, que permiten realizar tareas básicas y avanzadas de forma eficiente.

Administración en Windows 11

Windows 11 dispone de varias herramientas integradas:

Administrador de discos

▶ Permite crear, eliminar y formatear particiones.

▶ Gestiona volúmenes básicos y dinámicos.

▶ Asigna letras de unidad.

▶ Permite extender o reducir volúmenes.

Espacios de almacenamiento (Storage Spaces)

▶ Agrupa varios discos físicos en un único almacenamiento lógico.

▶ Permite configurar redundancia similar a RAID.

▶ Facilita la ampliación del almacenamiento.

Símbolo del sistema y PowerShell

▶ Permiten la gestión avanzada mediante comandos.

▶ Automatización de tareas administrativas.

▶ Configuración de discos y volúmenes.

Administración en Linux

Linux ofrece herramientas muy potentes, especialmente orientadas a la administración avanzada:

Herramientas de particionado

▶ fdisk, cfdisk, parted: gestión de particiones.

Gestión de sistemas de archivos

▶ mkfs: creación de sistemas de archivos.

▶ fsck: comprobación y reparación.

Gestión de volúmenes lógicos (LVM)

- Creación de volúmenes físicos, grupos y volúmenes lógicos.

- Ampliación y reducción de volúmenes en caliente.

Montaje de sistemas de archivos

- mount y umount: conexión y desconexión de dispositivos.

Funciones principales de estas herramientas

- Configuración del almacenamiento.

- Supervisión del estado de los dispositivos.

- Optimización del rendimiento.

- Resolución de incidencias.

3.3.2.2 HERRAMIENTAS DE BACKUP Y RECUPERACIÓN

Las herramientas de backup y recuperación son fundamentales para garantizar la protección de los datos frente a pérdidas, fallos del sistema, ataques informáticos o errores humanos.

Concepto de backup

Un backup (copia de seguridad) consiste en la duplicación de datos con el objetivo de poder recuperarlos en caso de pérdida o corrupción.

Tipos de copias de seguridad

- Copia completa: copia todos los datos.

- Copia incremental: copia solo los cambios desde la última copia.

- Copia diferencial: copia los cambios desde la última copia completa.

Cada tipo presenta ventajas en términos de tiempo, espacio y recuperación.

Herramientas de backup en entornos Windows

▶ Copias de seguridad integradas del sistema.

▶ Historial de archivos.

▶ Soluciones empresariales externas.

Funciones:

▶ Programación automática de copias.

▶ Restauración de archivos o sistemas completos.

▶ Protección frente a pérdida de datos.

Herramientas de backup en entornos Linux

▶ rsync: sincronización de archivos.

▶ tar: creación de copias comprimidas.

▶ cron: automatización de copias periódicas.

Estas herramientas permiten:

▶ Copias eficientes.

▶ Automatización avanzada.

▶ Integración con scripts.

Sistemas de recuperación

Las herramientas de recuperación permiten restaurar:

▶ Archivos individuales.

▶ Sistemas completos.

▶ Configuraciones del sistema.

Incluyen:

▶ Recuperación desde copias de seguridad.

▶ Restauración de imágenes del sistema.

▶ Recuperación ante desastres (Disaster Recovery).

Buenas prácticas en backup

- ▶ Aplicar la regla 3-2-1:
  - 3 copias de los datos.
  - 2 medios diferentes.
  - 1 copia fuera del sitio.
- ▶ Automatizar las copias.
- ▶ Verificar periódicamente la integridad de los backups.
- ▶ Proteger las copias frente a accesos no autorizados.

Importancia en entornos empresariales

Las herramientas de backup y recuperación son críticas para:

- ▶ Garantizar la continuidad del negocio.
- ▶ Proteger la información sensible.
- ▶ Cumplir con normativas legales.
- ▶ Minimizar el impacto de incidentes.

3.4 ACTIVIDADES

Actividad práctica 1. Selección del sistema de almacenamiento más adecuado

Objetivo: identificar la solución de almacenamiento más apropiada según distintas necesidades organizativas.

Enunciado: una empresa analiza varias necesidades de almacenamiento:

a) Un equipo de diseño necesita gran velocidad para editar vídeo y abrir proyectos pesados.

b) El departamento administrativo necesita compartir documentos entre varios usuarios de la oficina.

c) La empresa quiere guardar copias de seguridad externas de forma económica.

d) Una organización con varias sedes necesita acceder a sus archivos desde cualquier lugar.

Tareas:

1. Indica qué tipo de almacenamiento elegirías en cada caso.

2. Justifica tu elección entre las siguientes opciones: HDD, SSD, NVMe, almacenamiento externo, NAS o almacenamiento en la nube.

3. Explica qué ventajas y limitaciones presenta cada solución elegida.

Actividad práctica 2. Comparativa entre HDD, SSD y NVMe

Objetivo: distinguir las principales características de las tecnologías de almacenamiento físico.

Enunciado: Debes elaborar una comparativa técnica entre tres dispositivos de almacenamiento: HDD, SSD SATA y NVMe.

Tareas:

1. Crea una tabla comparativa con los siguientes criterios:

   - Capacidad.
   - Velocidad.
   - Latencia.
   - Fiabilidad.
   - Coste por gigabyte.
   - Uso recomendado.

2. Indica en qué situaciones empresariales sería más adecuado utilizar cada uno.

3. Redacta una breve conclusión sobre cuál elegirías para:

   - Un servidor de bases de datos.
   - Un equipo de oficina estándar.
   - Un sistema de copias de seguridad masivas.

Actividad práctica 3. Diseño de una arquitectura de almacenamiento para una pyme

Objetivo: aplicar los conceptos del capítulo al diseño de una solución realista.

Enunciado: Una pyme de 25 empleados necesita organizar su sistema de almacenamiento. La empresa trabaja con documentos compartidos, copias de seguridad diarias y acceso remoto para parte de la plantilla.

Tareas:

1. Propón una arquitectura de almacenamiento adecuada combinando, si lo consideras necesario:

   - Almacenamiento local,
   - NAS,
   - Almacenamiento en la nube,
   - RAID,
   - Volúmenes lógicos.

2. Explica qué función tendría cada elemento.

3. Justifica por qué tu propuesta mejora la disponibilidad, la seguridad y la escalabilidad de la información.

4. Añade una recomendación sobre copias de seguridad siguiendo la regla 3-2-1.

Actividad práctica 4. Análisis de sistemas de archivos

Objetivo: reconocer las diferencias entre distintos sistemas de archivos y seleccionar el más adecuado según el entorno.

Enunciado: se plantean los siguientes escenarios:

a) Un equipo con Windows 11 para uso corporativo.

b) Un servidor Linux de almacenamiento interno.

c) Un portátil Apple con unidad SSD.

d) Una memoria USB que debe utilizarse en distintos sistemas operativos.

Tareas:

1. Elige el sistema de archivos más adecuado para cada caso entre NTFS, EXT4, APFS, FAT32 o exFAT.

2. Justifica la elección teniendo en cuenta:

   • Compatibilidad,

   • Rendimiento,

   • Seguridad,

   • Tipo de dispositivo.

3. Explica qué problemas podrían surgir si se eligiera un sistema de archivos inadecuado.

Actividad práctica 5. Plan básico de gestión y protección del almacenamiento

Objetivo: diseñar medidas de organización, redundancia y recuperación de datos.

Enunciado: una empresa ha sufrido una pérdida parcial de información tras el fallo de uno de sus discos. No disponía de una política clara de redundancia ni de copias de seguridad automatizadas.

Tareas:

1. Explica qué diferencia existe entre RAID y copia de seguridad.

2. Propón una solución de almacenamiento que incorpore:

   • Un nivel RAID adecuado,

   • Una estrategia de backup,

   • Una herramienta de recuperación.

3. Indica qué herramientas podrían utilizarse en Windows o Linux para administrar el almacenamiento y automatizar las copias.

4. Redacta un pequeño protocolo de actuación ante fallo de disco o pérdida de datos.

3.5 CUESTIONARIO

1. **¿Cuál es la principal característica de un disco HDD frente a un SSD?**
   a) Mayor velocidad de acceso.
   b) Uso de memoria flash.
   c) Uso de componentes mecánicos.
   d) Menor capacidad de almacenamiento.

2. **¿Qué tecnología de almacenamiento ofrece menor latencia y mayor velocidad?**
   a) HDD.
   b) SSD SATA.
   c) NVMe.
   d) USB.

3. **¿Cuál es la función principal de un sistema NAS?**
   a) Aumentar la velocidad de la CPU.
   b) Proporcionar almacenamiento centralizado en red.
   c) Sustituir el sistema operativo.
   d) Mejorar la conectividad inalámbrica.

4. **¿Qué modelo de nube combina infraestructura local y servicios en la nube pública?**
   a) Nube pública.
   b) Nube privada.
   c) Nube híbrida.
   d) Nube distribuida.

5. **¿Cuál de los siguientes servicios pertenece a Amazon Web Services?**
   a) Azure Blob Storage.
   b) Google Drive.
   c) Amazon S3.
   d) OneDrive.

6. ¿Qué sistema de archivos es propio de sistemas Linux?

a) NTFS.

b) FAT32.

c) EXT4.

d) APFS.

7. ¿Qué tipo de RAID ofrece redundancia mediante duplicación de datos?

a) RAID 0.

b) RAID 1.

c) RAID 5.

d) RAID 6.

8. ¿Cuál es la principal ventaja de los volúmenes lógicos (LVM)?

a) Eliminan la necesidad de copias de seguridad.

b) Permiten gestionar el almacenamiento de forma flexible.

c) Aumentan la velocidad de la red.

d) Sustituyen los sistemas de archivos.

9. ¿Qué herramienta en Linux se utiliza para sincronizar archivos en copias de seguridad?

a) mkfs.

b) fdisk.

c) rsync.

d) ps.

10. ¿Cuál es el objetivo principal de una copia de seguridad?

a) Mejorar el rendimiento del sistema.

b) Reducir el consumo de memoria.

c) Proteger los datos frente a pérdidas.

d) Aumentar la velocidad de acceso a disco.

RESPUESTAS

1. c

2. c

3. b

4. c

5. c

6. c

7. b

8. b

9. c

4

MÉTRICAS E INDICADORES DE RENDIMIENTO

Las métricas e indicadores de rendimiento constituyen herramientas fundamentales para la gestión y supervisión de los sistemas de información. Permiten medir, analizar y evaluar el comportamiento de los recursos tecnológicos, facilitando la toma de decisiones basada en datos objetivos.

En entornos empresariales, donde los sistemas soportan procesos críticos, resulta imprescindible disponer de mecanismos que permitan conocer:

- El estado del sistema en tiempo real.
- El nivel de rendimiento de los recursos.
- La eficiencia de los procesos.
- La calidad del servicio prestado.

El uso adecuado de métricas e indicadores permite detectar problemas, anticiparse a fallos y optimizar el funcionamiento de los sistemas.

4.1 DEFINICIÓN DE MÉTRICAS

Una métrica es una medida cuantitativa que permite evaluar un aspecto concreto del sistema o proceso. Las métricas proporcionan datos objetivos que reflejan el comportamiento de los sistemas en términos de rendimiento, uso de recursos o calidad del servicio.

Características de una métrica

▶ Cuantificable: se expresa mediante valores numéricos.

▶ Objetiva: basada en datos reales.

▶ Medible: puede ser recogida mediante herramientas.

▶ Relevante: aporta información útil para la gestión.

Tipos de métricas

Las métricas pueden clasificarse en función del elemento que analizan:

▶ Métricas de rendimiento: uso de CPU, memoria, disco.

▶ Métricas de disponibilidad: tiempo de actividad del sistema.

▶ Métricas de capacidad: volumen de almacenamiento o usuarios.

▶ Métricas de red: latencia, ancho de banda.

Ejemplos de métricas

▶ Porcentaje de uso de CPU.

▶ Tiempo de respuesta de una aplicación.

▶ Número de usuarios concurrentes.

▶ Tasa de errores.

Importancia de las métricas

Las métricas permiten:

▶ Evaluar el estado del sistema.

▶ Detectar anomalías.

▶ Medir la eficiencia de los procesos.

▶ Tomar decisiones basadas en datos.

Sin métricas, la gestión de sistemas se basaría en percepciones subjetivas, lo que dificultaría la optimización y el control.

4.1.1 Indicadores clave (KPI)

Los KPI (Key Performance Indicators) son indicadores específicos derivados de las métricas que permiten evaluar el grado de cumplimiento de objetivos estratégicos u operativos.

Mientras que una métrica mide un valor concreto, un KPI interpreta ese valor en relación con un objetivo.

Concepto

Un KPI es un indicador que:

- Está alineado con los objetivos del negocio.
- Permite evaluar el rendimiento de un sistema o proceso.
- Facilita la toma de decisiones.

Características de un KPI

- Relevante: vinculado a objetivos estratégicos.
- Medible: basado en datos cuantificables.
- Comparativo: permite evaluar evolución en el tiempo.
- Accionable: facilita la toma de decisiones.

Diferencia entre métrica y KPI

- Métrica: dato medido (ej. uso de CPU del 80 %).
- KPI: interpretación del dato (ej. uso de CPU superior al umbral aceptable).

Ejemplos de KPI en sistemas

- Disponibilidad del sistema (uptime).
- Tiempo medio de respuesta (latencia).
- Porcentaje de incidencias resueltas.
- Nivel de utilización de recursos.

Umbrales y objetivos

Los KPI suelen ir acompañados de umbrales que indican:

▼ Nivel óptimo.

▼ Nivel aceptable.

▼ Nivel crítico.

Por ejemplo:

▼ CPU < 60 % → óptimo.

▼ CPU entre 60 % y 80 % → aceptable.

▼ CPU > 80 % → crítico.

Importancia de los KPI

Los KPI permiten:

▼ Controlar el rendimiento del sistema.

▼ Alinear la tecnología con los objetivos del negocio.

▼ Detectar desviaciones.

▼ Mejorar la calidad del servicio.

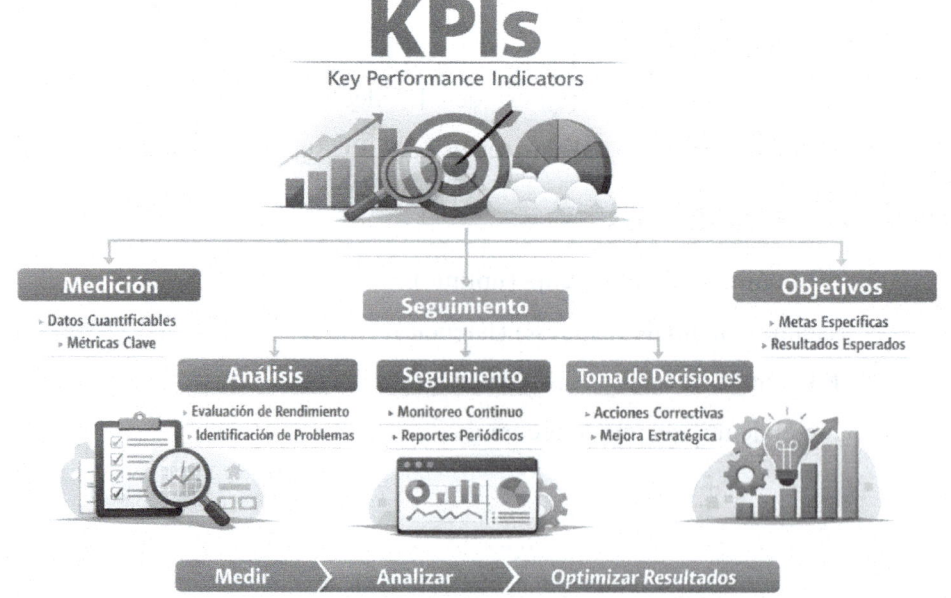

4.1.1.1 USO DE CPU, MEMORIA Y RED

El análisis del uso de CPU, memoria y red constituye uno de los pilares fundamentales en la monitorización de sistemas, ya que estos recursos determinan directamente el rendimiento y la capacidad operativa de la infraestructura tecnológica.

Uso de CPU

La CPU es el componente encargado de ejecutar las instrucciones de los procesos. Su uso se mide generalmente como un porcentaje que indica el nivel de ocupación del procesador.

Aspectos clave:

- Porcentaje de uso total de CPU.
- Uso por proceso o aplicación.
- Carga media del sistema.

Interpretación:

- Valores bajos indican infrautilización.
- Valores moderados indican funcionamiento óptimo.
- Valores altos (superiores al 80 %) pueden indicar saturación.

Un uso excesivo de CPU puede provocar:

- Lentitud en el sistema.
- Retrasos en la ejecución de procesos.
- Bloqueos o caídas del sistema.

Uso de memoria

La memoria RAM es el recurso que permite almacenar temporalmente los datos necesarios para la ejecución de procesos.

Aspectos clave:

- Memoria utilizada.
- Memoria libre.
- Memoria caché.
- Uso de memoria virtual (swap).

Interpretación:

▶ Uso equilibrado indica funcionamiento eficiente.

▶ Uso elevado con falta de memoria libre puede provocar ralentización.

▶ Uso excesivo de swap indica falta de memoria física.

Problemas habituales:

▶ Saturación de memoria.

▶ Fugas de memoria en aplicaciones.

Uso de red

El uso de red mide la cantidad de datos transmitidos y recibidos por el sistema.

Aspectos clave:

▶ Ancho de banda utilizado.

▶ Tasa de transferencia (Mbps).

▶ Número de conexiones activas.

▶ Paquetes enviados y recibidos.

Interpretación:

▶ Uso bajo indica poca actividad.

▶ Uso elevado puede indicar alta carga o congestión.

Problemas habituales:

▶ Cuellos de botella en la red.

▶ Latencia elevada.

▶ Pérdida de paquetes.

4.1.1.2 LATENCIA Y DISPONIBILIDAD

Además del uso de recursos, existen indicadores clave que permiten evaluar la calidad del servicio, entre los que destacan la latencia y la disponibilidad.

Latencia

La latencia es el tiempo que tarda un sistema en responder a una solicitud. Se mide generalmente en milisegundos (ms).

Aspectos clave:

- ▶ Tiempo de respuesta de aplicaciones.
- ▶ Tiempo de comunicación entre sistemas.
- ▶ Retrasos en la red.

Interpretación:

- ▶ Latencia baja: respuesta rápida (óptimo).
- ▶ Latencia alta: retrasos en el sistema (problema).

Factores que influyen:

- ▶ Rendimiento del sistema.
- ▶ Capacidad de red.
- ▶ Ubicación geográfica de los servidores.

Impacto:

- ▶ Experiencia del usuario.
- ▶ Eficiencia de los procesos.

Disponibilidad

La disponibilidad mide el tiempo durante el cual un sistema está operativo y accesible.

Se expresa generalmente como un porcentaje:

- ▶ 99 % → disponibilidad básica.
- ▶ 99,9 % → alta disponibilidad.
- ▶ 99,99 % → muy alta disponibilidad.

Aspectos clave:

⚑ Tiempo de actividad (uptime).

⚑ Tiempo de inactividad (downtime).

Importancia:

⚑ Garantiza la continuidad del servicio.

⚑ Es un indicador clave en acuerdos de nivel de servicio (SLA).

4.2 MONITORIZACIÓN DEL RENDIMIENTO

La monitorización del rendimiento es el proceso continuo de recopilación, análisis e interpretación de métricas con el objetivo de evaluar el funcionamiento de los sistemas y detectar posibles problemas.

Objetivos

⚑ Detectar incidencias en tiempo real.

⚑ Analizar el comportamiento del sistema.

⚑ Optimizar el uso de recursos.

⚑ Garantizar la calidad del servicio.

Fases de la monitorización

1. **Recopilación de datos**
   - Obtención de métricas de CPU, memoria, red, etc.
   - Uso de herramientas de monitorización.

2. **Análisis de datos**
   - Interpretación de métricas.
   - Identificación de patrones.
   - Detección de anomalías.

3. **Generación de alertas**
   - Definición de umbrales.
   - Notificación de incidencias.

4. **Toma de decisiones**
   - Ajuste de recursos.
   - Optimización del sistema.
   - Resolución de problemas.

Tipos de monitorización

- Monitorización en tiempo real: análisis inmediato del estado del sistema.
- Monitorización histórica: análisis de tendencias.
- Monitorización proactiva: anticipación de problemas.

Herramientas de monitorización

Las herramientas permiten:

- Visualizar métricas mediante dashboards.
- Generar informes.
- Automatizar alertas.
- Integrarse con otros sistemas.

Beneficios

- Mejora del rendimiento.
- Reducción de incidencias.
- Mayor disponibilidad.
- Optimización de recursos.

Importancia en entornos empresariales

La monitorización del rendimiento es esencial para:

- Garantizar la continuidad del negocio.
- Cumplir acuerdos de nivel de servicio.
- Detectar problemas antes de que impacten al usuario.
- Optimizar la infraestructura tecnológica.

4.2.1 Recolección de datos

La recolección de datos es la fase inicial y fundamental dentro del proceso de monitorización del rendimiento. Consiste en la obtención sistemática de información sobre el estado, comportamiento y funcionamiento de los sistemas, con el objetivo de analizarla posteriormente y tomar decisiones informadas.

Sin una adecuada recolección de datos, no es posible:

- Evaluar el rendimiento de los sistemas.
- Detectar incidencias o anomalías.
- Identificar tendencias de uso.
- Optimizar recursos.

En entornos modernos, la recolección de datos se realiza de forma automatizada mediante herramientas especializadas que capturan información en tiempo real.

4.2.1.1 LOGS Y MÉTRICAS

La información recopilada en los sistemas se presenta principalmente en dos formatos: logs y métricas. Ambos son complementarios y permiten obtener una visión completa del comportamiento del sistema.

Logs

Los logs (registros) son archivos que contienen eventos generados por sistemas, aplicaciones o dispositivos.

Características:

- Información detallada de eventos.
- Registro cronológico.
- Utilizados para diagnóstico y auditoría.

Tipos de logs:

- Logs del sistema: eventos del sistema operativo.
- Logs de aplicaciones: funcionamiento de aplicaciones.

- Logs de seguridad: accesos, intentos fallidos, incidencias.
- Logs de red: tráfico y conexiones.

Ejemplo:

- Inicio de sesión de un usuario.
- Error en una aplicación.
- Fallo en un servicio.

Ventajas:

- Alto nivel de detalle.
- Permiten análisis forense.

Inconvenientes:

- Gran volumen de datos.
- Requieren procesamiento para su análisis.

Métricas

Las métricas son datos numéricos que representan el estado o rendimiento de un sistema en un momento determinado.

Características:

- Valores cuantificables.
- Fácil interpretación.
- Representación mediante gráficos.

Ejemplos:

- Uso de CPU (%).
- Consumo de memoria (MB).
- Latencia (ms).
- Número de solicitudes por segundo.

Ventajas:

- Permiten análisis rápido.
- Facilitan la detección de tendencias.

Inconvenientes:

- Menor nivel de detalle que los logs.

Relación entre logs y métricas

- Las métricas indican qué está ocurriendo.
- Los logs explican por qué está ocurriendo.

El uso conjunto de ambos permite un análisis completo del sistema.

4.2.1.2 HERRAMIENTAS DE OBSERVABILIDAD

La observabilidad es un concepto avanzado que va más allá de la monitorización tradicional. Permite comprender el comportamiento interno de los sistemas a partir de los datos que generan, facilitando la detección y resolución de problemas complejos.

Concepto de observabilidad

Un sistema es observable cuando es posible:

- Analizar su estado interno a partir de sus salidas.
- Detectar anomalías.
- Identificar causas de fallos.

Se basa en tres pilares fundamentales:

- Logs.
- Métricas.
- Trazas (traces).

Trazas (tracing)

Las trazas permiten seguir el recorrido de una solicitud a través de distintos componentes del sistema.

Ejemplo:

- Una petición web que pasa por varios servicios.

Permiten:

- Identificar cuellos de botella.
- Analizar dependencias entre sistemas.
- Detectar fallos en sistemas distribuidos.

Herramientas de observabilidad

Existen diversas herramientas que permiten recopilar y analizar datos:

- Herramientas de monitorización tradicional.
- Plataformas de logs centralizados.
- Sistemas de análisis de métricas.
- Soluciones de tracing distribuido.

Estas herramientas suelen ofrecer:

- Paneles de visualización (dashboards).
- Alertas automáticas.
- Análisis en tiempo real.
- Integración con otros sistemas.

Funcionalidades principales

- Recolección de datos en tiempo real.
- Almacenamiento y procesamiento de grandes volúmenes de datos.
- Visualización mediante gráficos.
- Correlación de eventos.
- Detección automática de anomalías.

Beneficios de la observabilidad

- Mejora en la detección de problemas.

- Reducción del tiempo de resolución de incidencias (MTTR).

- Mayor visibilidad del sistema.

- Optimización del rendimiento.

Importancia en entornos actuales

En sistemas modernos, especialmente en arquitecturas distribuidas y cloud, la observabilidad es fundamental para:

- Gestionar sistemas complejos.

- Detectar fallos en microservicios.

- Garantizar la disponibilidad del servicio.

- Mejorar la experiencia del usuario.

4.2.2 Análisis y visualización

Una vez recolectados los datos mediante logs, métricas y trazas, es necesario analizarlos y representarlos de forma comprensible. El análisis y la visualización permiten transformar grandes volúmenes de información en conocimiento útil para la toma de decisiones.

En entornos empresariales, esta fase es clave para:

- Detectar anomalías y problemas de rendimiento.

- Identificar tendencias y patrones de uso.

- Evaluar el cumplimiento de objetivos (KPI).

- Facilitar la toma de decisiones técnicas y estratégicas.

La visualización adecuada de los datos permite reducir la complejidad y mejorar la interpretación de la información.

4.2.2.1 DASHBOARDS Y CUADROS DE MANDO

Los dashboards o cuadros de mando son herramientas visuales que muestran información relevante mediante gráficos, indicadores y paneles interactivos.

Concepto

Un dashboard es una interfaz que agrupa y presenta métricas clave de forma clara y organizada, permitiendo supervisar el estado del sistema en tiempo real.

Características principales

▶ Visualización gráfica de datos (gráficos, tablas, indicadores).

▶ Información en tiempo real o casi real.

▶ Interactividad (filtros, selección de datos).

▶ Integración de múltiples fuentes de datos.

Tipos de dashboards

▶ Operativos: muestran el estado actual del sistema.

▶ Tácticos: analizan el rendimiento a medio plazo.

▶ Estratégicos: orientados a la toma de decisiones de alto nivel.

Elementos habituales

▶ Gráficos de líneas (evolución temporal).

▶ Gráficos de barras (comparativas).

▶ Indicadores numéricos (KPI).

▶ Alertas visuales.

Beneficios

▶ Mejora la comprensión de los datos.

▶ Permite detectar problemas rápidamente.

▶ Facilita el seguimiento de objetivos.

▶ Apoya la toma de decisiones.

Buenas prácticas en diseño

▼ Mostrar solo información relevante.

▼ Utilizar gráficos adecuados para cada tipo de dato.

▼ Definir umbrales visuales (colores, alertas).

▼ Evitar la sobrecarga de información.

4.2.2.2 HERRAMIENTAS COMO GRAFANA Y PROMETHEUS

En la actualidad, existen herramientas especializadas que permiten recopilar, analizar y visualizar métricas de sistemas de forma eficiente. Entre las más utilizadas destacan Grafana y Prometheus, ampliamente adoptadas en entornos empresariales y cloud.

Grafana

Grafana es una herramienta de visualización de datos que permite crear dashboards interactivos a partir de múltiples fuentes de datos.

Características principales:

▼ Creación de paneles visuales personalizados.

▼ Integración con diversas fuentes de datos (bases de datos, APIs, sistemas de monitorización).

▼ Visualización en tiempo real.

▼ Configuración de alertas.

Ventajas:

▼ Interfaz intuitiva.

▼ Gran flexibilidad en la visualización.

▼ Amplia comunidad y soporte.

Uso habitual:

▼ Monitorización de sistemas.

▼ Análisis de métricas.

▼ Visualización de KPI.

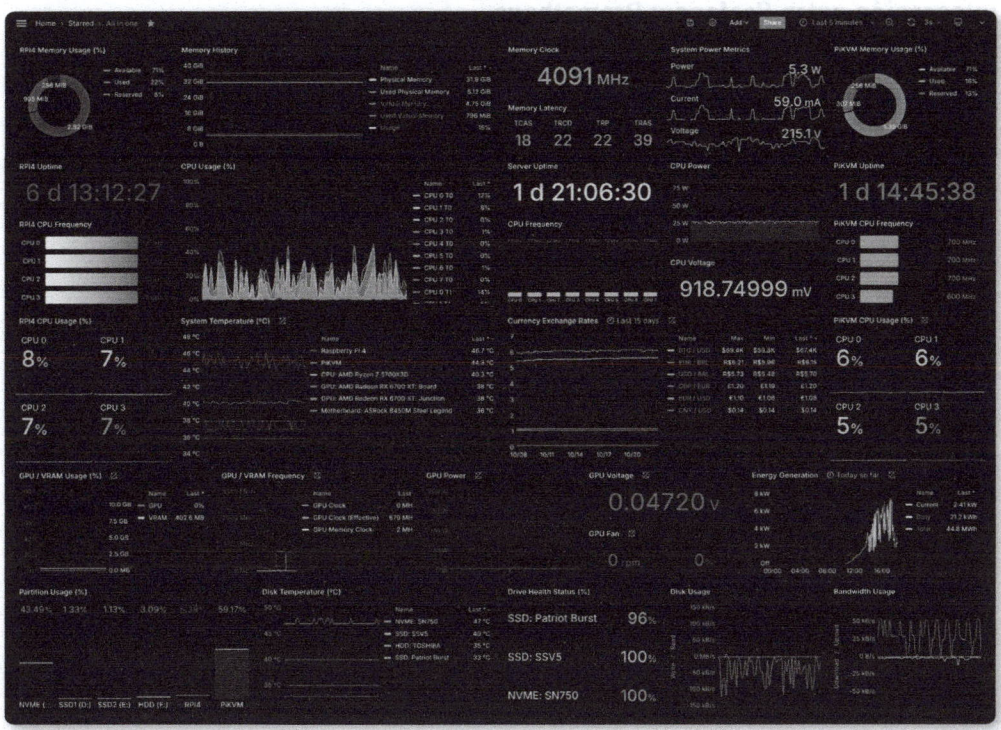

Prometheus

Prometheus es un sistema de monitorización y recopilación de métricas diseñado para entornos dinámicos y distribuidos.

Características principales:

- Recopilación de métricas mediante un modelo basado en extracción (pull).
- Almacenamiento de datos en series temporales.
- Lenguaje de consultas propio (PromQL).
- Sistema de alertas integrado.

Ventajas:

- Alta eficiencia en la gestión de métricas.
- Escalabilidad en entornos cloud.
- Integración con sistemas modernos (microservicios, contenedores).

Integración entre Grafana y Prometheus

Una de las combinaciones más utilizadas es:

- Prometheus: recopila y almacena métricas.
- Grafana: visualiza los datos mediante dashboards.

Esta integración permite:

- Supervisar sistemas en tiempo real.
- Analizar tendencias.
- Detectar problemas de forma rápida.

Aplicación en entornos empresariales

Estas herramientas se utilizan para:

- Monitorizar infraestructuras IT.
- Gestionar aplicaciones distribuidas.
- Analizar el rendimiento de sistemas.
- Garantizar el cumplimiento de SLA.

Importancia del análisis y visualización

El análisis y la visualización de datos permiten:

- Convertir datos en información útil.
- Mejorar la toma de decisiones.
- Optimizar el rendimiento de sistemas.
- Reducir tiempos de respuesta ante incidencias.

4.3 ACTIVIDADES

Actividad 1. Identificación y clasificación de métricas

Objetivo: reconocer y clasificar diferentes métricas según su tipo.

Enunciado: Se presentan las siguientes métricas obtenidas de un sistema:

▶ Uso de CPU: 75 %.

▶ Tiempo de respuesta: 250 ms.

▶ Usuarios concurrentes: 120.

▶ Disponibilidad del sistema: 99,8 %.

▶ Ancho de banda utilizado: 80 Mbps.

Tareas:

1. Clasifica cada métrica en su categoría correspondiente: rendimiento, disponibilidad, capacidad o red.

2. Indica si cada métrica pudiera convertirse en un KPI y justifica por qué.

3. Propón un umbral óptimo y uno crítico para cada métrica.

Actividad 2. Análisis de rendimiento de un sistema

Objetivo: interpretar métricas y detectar posibles problemas.

Enunciado: Un servidor presenta los siguientes valores durante un periodo de alta carga:

▶ CPU: 92 %.

▶ Memoria: 95 % utilizada.

▶ Uso de swap: elevado.

▶ Latencia: 800 ms.

▶ Conexiones activas: muy altas.

Tareas:

1. Analiza el estado del sistema.

2. Identifica los problemas principales.

3. Explica las posibles causas de la situación.

4. Propón al menos tres medidas de mejora.

Actividad 3. Diseño de KPI para un sistema empresarial

Objetivo: definir indicadores clave alineados con objetivos.

Enunciado: Una empresa quiere mejorar la calidad de su sistema web, cuyo objetivo principal es ofrecer un servicio rápido y estable.

Tareas:

1. Define al menos 4 KPI relevantes para este sistema.

2. Establece para cada KPI:
   - Métrica base.
   - Umbral óptimo.
   - Umbral crítico.

3. Explica cómo cada KPI contribuye a mejorar el servicio.

Actividad 4. Análisis de logs y métricas

Objetivo: comprender la relación entre logs y métricas.

Enunciado: Se dispone de la siguiente información:

Métricas:

- CPU estable al 40 %.
- Memoria al 60 %.
- Latencia elevada: 900 ms.

Logs:

- Error repetido en servicio de base de datos.
- Tiempo de respuesta elevado en consultas SQL.

Tareas:

1. Explica por qué las métricas no reflejan completamente el problema.

2. Analiza qué indican los logs.

3. Determina la causa probable del fallo.

4. Propón una solución técnica.

Actividad 5. Diseño de un dashboard de monitorización

Objetivo: aplicar conceptos de visualización y seguimiento.

Enunciado: Debes diseñar un dashboard para monitorizar un sistema de comercio electrónico.

Tareas:

1. Define qué métricas incluirías (mínimo 6).

2. Indica qué tipo de gráficos usarías en cada caso:
   - Líneas.
   - Barras.
   - Indicadores numéricos.

3. Establece al menos 3 alertas con sus umbrales.

4. Explica cómo este dashboard ayudaría a la toma de decisiones.

4.4 CUESTIONARIO

1. **¿Qué es una métrica en el contexto de sistemas de información?**
   a) Una herramienta de almacenamiento.
   b) Una medida cuantitativa del rendimiento o estado de un sistema.
   c) Un tipo de software de seguridad.
   d) Un protocolo de red.

2. **¿Qué diferencia principal existe entre una métrica y un KPI?**
   a) No existe ninguna diferencia.
   b) El KPI es un dato técnico y la métrica no.
   c) La métrica mide un valor y el KPI lo interpreta respecto a un objetivo.
   d) El KPI solo se usa en redes.

3. **¿Cuál de los siguientes es un ejemplo de métrica de sistema?**
   a) Política de seguridad.
   b) Uso de CPU.
   c) Plan de contingencia.
   d) Reglamento interno.

4. **¿Qué indicador mide el tiempo que tarda un sistema en responder a una solicitud?**

a) Disponibilidad.

b) Capacidad.

c) Latencia.

d) Rendimiento energético.

5. **¿Qué significa una disponibilidad del 99,9 %?**

a) El sistema nunca falla.

b) El sistema está operativo casi todo el tiempo.

c) El sistema funciona solo en horas laborales.

d) El sistema no necesita mantenimiento.

6. **¿Qué tipo de información proporcionan los logs?**

a) Datos numéricos resumidos.

b) Información detallada de eventos del sistema.

c) Solo datos de red.

d) Información de hardware exclusivamente.

7. **¿Cuál es la principal ventaja de las métricas frente a los logs?**

a) Mayor nivel de detalle.

b) Mejor capacidad de análisis forense.

c) Facilidad de interpretación y visualización.

d) Mayor volumen de información.

8. **¿Qué componente NO forma parte de los pilares de la observabilidad?**

a) Logs.

b) Métricas.

c) Trazas.

d) Antivirus.

9. **¿Qué herramienta se utiliza principalmente para visualizar datos mediante dashboards?**

a) Prometheus.

b) Grafana.

c) Linux.

d) RAID.

10.¿Cuál es la función principal de Prometheus?

a) Crear sistemas de archivos.

b) Gestionar redes.

c) Recopilar y almacenar métricas.

d) Administrar usuarios.

RESPUESTAS

1. b

2. c

3. b

4. c

5. b

6. b

7. c

8. d

9. b

10. c

5

MONITORIZACIÓN DE SISTEMAS Y COMUNICACIONES

La monitorización de sistemas y comunicaciones constituye un elemento clave en la gestión de infraestructuras tecnológicas, ya que permite supervisar tanto los recursos internos de los sistemas como las redes que los conectan. En entornos empresariales, donde los servicios dependen de la conectividad y del correcto funcionamiento de múltiples dispositivos, resulta imprescindible garantizar la disponibilidad, el rendimiento y la seguridad de las comunicaciones.

La monitorización de redes permite:

- Detectar fallos en dispositivos o enlaces.
- Analizar el tráfico de datos.
- Identificar cuellos de botella.
- Prevenir incidencias de seguridad.
- Garantizar la calidad del servicio (QoS).

Además, facilita la gestión proactiva de la infraestructura, permitiendo anticiparse a problemas antes de que afecten a los usuarios o a los procesos de negocio.

5.1 INFRAESTRUCTURA DE RED

La infraestructura de red está formada por el conjunto de dispositivos, medios y tecnologías que permiten la interconexión de sistemas y el intercambio de información. Constituye la base sobre la que se sustentan las comunicaciones en cualquier organización.

Elementos de la infraestructura de red

- Dispositivos de comunicaciones.
- Medios de transmisión (cableado, fibra, inalámbrico).
- Protocolos de comunicación.
- Servicios de red (DNS, DHCP, etc.).

Importancia de la infraestructura de red

Una infraestructura de red bien diseñada y monitorizada permite:

- Garantizar la conectividad entre sistemas.
- Asegurar la transmisión eficiente de datos.
- Minimizar tiempos de respuesta.
- Mantener la disponibilidad de los servicios.

5.1.1 Dispositivos de comunicaciones

Los dispositivos de comunicaciones son los elementos hardware encargados de gestionar el tráfico de datos dentro de una red. Su correcto funcionamiento es esencial para asegurar la conectividad y el rendimiento de los sistemas.

Tipos de dispositivos de comunicaciones

Routers

Los routers son dispositivos que permiten interconectar distintas redes y dirigir el tráfico de datos entre ellas.

Funciones principales:

- Enrutamiento de paquetes de datos.
- Conexión entre redes locales e Internet.
- Gestión de direcciones IP.

Switches

Los switches son dispositivos que conectan equipos dentro de una misma red local (LAN).

Funciones principales:

- Conmutación de datos entre dispositivos.
- Reducción de colisiones en la red.
- Mejora del rendimiento en redes locales.

Firewalls

Los firewalls son dispositivos de seguridad que controlan el tráfico de red, permitiendo o bloqueando comunicaciones según reglas definidas.

Funciones principales:

- Protección frente a accesos no autorizados.
- Filtrado de tráfico.
- Prevención de ataques.

Puntos de acceso (Access Points)

Permiten la conexión inalámbrica de dispositivos a la red.

Funciones principales:

- Proporcionar conectividad Wi-Fi.
- Extender la cobertura de red.

Modems

Los modems permiten la conexión de una red local a Internet mediante la conversión de señales.

IDS/IPS (Sistemas de detección y prevención de intrusiones)

- IDS: detecta actividades sospechosas.
- IPS: detecta y bloquea amenazas en tiempo real.

Características clave de los dispositivos de red

- Capacidad de procesamiento.
- Velocidad de transmisión.
- Número de conexiones soportadas.
- Funciones de seguridad.

Importancia en la monitorización

La monitorización de estos dispositivos permite:

- Detectar fallos de conectividad.
- Analizar el tráfico de red.
- Identificar problemas de rendimiento.
- Garantizar la seguridad de la red.

Métricas relevantes

- Uso de ancho de banda.
- Latencia de red.
- Pérdida de paquetes.
- Número de conexiones activas.

La correcta gestión y monitorización de los dispositivos de comunicaciones es esencial para mantener una red eficiente, segura y disponible, siendo un elemento clave dentro de la infraestructura tecnológica de cualquier organización.

5.1.1.1 ROUTERS, SWITCHES Y FIREWALLS

Los dispositivos de red constituyen el núcleo de la infraestructura de comunicaciones, permitiendo la transmisión, control y protección del tráfico de datos. Entre los más importantes destacan los routers, switches y firewalls, cada uno con funciones específicas dentro de la red.

Routers

Los routers son dispositivos encargados de interconectar distintas redes y dirigir los paquetes de datos hacia su destino mediante el uso de tablas de enrutamiento.

Funciones principales:

▸ Determinar la mejor ruta para el envío de datos.

▸ Conectar redes locales con redes externas (Internet).

▸ Gestionar direcciones IP y segmentación de red.

Características:

▸ Capacidad de enrutamiento dinámico.

▸ Soporte para múltiples protocolos.

▸ Funciones de seguridad básicas (NAT, filtrado).

Importancia:

▸ Son esenciales para la comunicación entre redes.

▸ Permiten la conectividad global de la organización.

Switches

Los switches son dispositivos que operan dentro de redes locales (LAN), conectando múltiples dispositivos y gestionando el tráfico interno.

Funciones principales:

▸ Enviar datos únicamente al dispositivo destinatario.

▸ Reducir colisiones en la red.

▸ Mejorar la eficiencia del tráfico.

Tipos de switches:

▸ No gestionables: configuración básica.

▸ Gestionables: permiten configuración avanzada (VLAN, QoS).

Características:

▸ Alta velocidad de transmisión.

▸ Segmentación de red.

▸ Soporte para múltiples dispositivos.

Importancia:

- Son fundamentales en redes internas.

- Permiten una comunicación eficiente entre equipos.

Firewalls

Los firewalls son dispositivos de seguridad que controlan el tráfico de red mediante la aplicación de reglas definidas.

Funciones principales:

- Filtrar el tráfico entrante y saliente.

- Bloquear accesos no autorizados.

- Proteger la red frente a ataques.

Tipos de firewalls:

- Firewalls de red.

- Firewalls de aplicación.

- Firewalls de próxima generación (NGFW).

Características:

- Inspección de paquetes.

- Control de acceso.

- Registro de actividad.

Importancia:

- Son esenciales para la seguridad de la red.

- Actúan como primera línea de defensa.

5.1.1.2 IDS/IPS

Los sistemas IDS (Intrusion Detection System) y IPS (Intrusion Prevention System) son herramientas de seguridad diseñadas para detectar y prevenir intrusiones en la red.

IDS (Sistema de detección de intrusiones)

El IDS se encarga de monitorizar el tráfico de red y detectar actividades sospechosas o patrones que puedan indicar un ataque.

Características:

- Analiza el tráfico en tiempo real.
- Genera alertas ante comportamientos anómalos.
- No bloquea el tráfico, solo informa.

Tipos:

- Basados en red (NIDS).
- Basados en host (HIDS).

IPS (Sistema de prevención de intrusiones)

El IPS amplía las capacidades del IDS, ya que no solo detecta amenazas, sino que también actúa automáticamente para bloquearlas.

Funciones:

- Identificar ataques en tiempo real.
- Bloquear tráfico malicioso.
- Prevenir intrusiones.

Diferencias entre IDS e IPS

- IDS: detecta y alerta.
- IPS: detecta, alerta y actúa.

Importancia en la seguridad

- Protección frente a ataques informáticos.
- Detección de actividades sospechosas.
- Refuerzo de la seguridad perimetral.

Característica	IDS (Intrusion Detection System)	IPS (Intrusion Prevention System)
Función principal	Detectar intrusiones o actividades sospechosas	Detectar y bloquear intrusiones en tiempo real
Actuación	Pasiva (solo monitoriza y alerta)	Activa (interviene y detiene el ataque)
Ubicación en la red	Fuera del flujo de tráfico (modo monitorización)	En línea con el tráfico (modo preventivo)
Respuesta ante ataques	Genera alertas	Bloquea, descarta o modifica el tráfico
Impacto en rendimiento	Bajo	Puede afectar al rendimiento
Nivel de intervención	No altera el tráfico	Actúa directamente sobre el tráfico
Precisión requerida	Menor (puede haber falsos positivos sin impacto)	Alta (errores pueden bloquear tráfico legítimo)
Uso habitual	Análisis y detección de amenazas	Protección activa y prevención de ataques
Ejemplo de acción	Aviso de intento de intrusión	Bloqueo automático de una IP maliciosa

5.2 PROTOCOLOS Y SERVICIOS

Los protocolos y servicios de red son los elementos que permiten la comunicación entre dispositivos, estableciendo las reglas y mecanismos necesarios para el intercambio de información.

Protocolos de red

Un protocolo es un conjunto de normas que definen cómo se transmiten los datos entre dispositivos.

Principales protocolos:

- TCP/IP: base de Internet.
- HTTP/HTTPS: transmisión de páginas web.
- FTP: transferencia de archivos.
- SMTP: envío de correo electrónico.
- DNS: resolución de nombres de dominio.

Características:

- Definen el formato de los datos.
- Establecen reglas de comunicación.
- Garantizan la integridad de la información.

Servicios de red

Los servicios de red son aplicaciones que utilizan protocolos para ofrecer funcionalidades a los usuarios.

Ejemplos:

- Servidor web.
- Servidor de correo.
- Servidor DNS.
- Servidor DHCP.

Funciones:

- Facilitar el acceso a recursos.
- Automatizar configuraciones de red.
- Proporcionar servicios a usuarios y aplicaciones.

Relación entre protocolos y servicios

- Los protocolos establecen las reglas de comunicación.
- Los servicios utilizan esos protocolos para funcionar.

Importancia en la monitorización

La monitorización de protocolos y servicios permite:

- Detectar fallos en la comunicación.
- Analizar el tráfico de red.
- Identificar problemas de rendimiento.
- Garantizar la disponibilidad de servicios.

5.2.1 Protocolos de red

Los protocolos de red son un conjunto de reglas y normas que permiten la comunicación entre dispositivos dentro de una red. Definen cómo se estructuran, transmiten y reciben los datos, garantizando que la información llegue correctamente desde el emisor al receptor.

Estos protocolos son esenciales para el funcionamiento de los sistemas de información, ya que permiten la interoperabilidad entre diferentes dispositivos, sistemas operativos y aplicaciones.

5.2.1.1 TCP/IP, HTTP, DNS

TCP/IP (Transmission Control Protocol / Internet Protocol)

El protocolo TCP/IP es el conjunto de protocolos base sobre el que se sustenta Internet y la mayoría de redes modernas.

Componentes principales:

▸ IP (Internet Protocol): se encarga de direccionar los paquetes de datos, identificando origen y destino mediante direcciones IP.

▸ TCP (Transmission Control Protocol): garantiza la entrega correcta de los datos, asegurando que lleguen completos y en orden.

Características:

▸ Comunicación fiable.

▸ División de datos en paquetes.

▸ Reensamblaje en el destino.

Importancia:

▸ Es la base de todas las comunicaciones en red.

▸ Permite la interconexión de sistemas a nivel global.

HTTP (HyperText Transfer Protocol)

HTTP es el protocolo utilizado para la transferencia de información en la web.

Funciones:

- Permitir la comunicación entre navegadores y servidores web.
- Transferir páginas web y recursos asociados.

Características:

- Protocolo sin estado (stateless).
- Funciona sobre TCP/IP.

Ejemplo:

- Acceso a una página web desde un navegador.

DNS (Domain Name System)

El DNS es un sistema que traduce nombres de dominio (por ejemplo, www.ejemplo.com) en direcciones IP.

Funciones:

- Resolver nombres de dominio.
- Facilitar el acceso a servicios sin necesidad de memorizar direcciones IP.

Características:

- Sistema jerárquico y distribuido.
- Respuesta rápida a consultas.

Importancia:

- Es fundamental para la navegación en Internet.
- Facilita la usabilidad de los servicios en red.

5.2.1.2 PROTOCOLOS SEGUROS (HTTPS, SSH)

Los protocolos seguros son versiones o alternativas de protocolos estándar que incorporan mecanismos de cifrado y autenticación para proteger la información durante su transmisión.

HTTPS (HyperText Transfer Protocol Secure)

HTTPS es la versión segura de HTTP, que utiliza cifrado para proteger la comunicación entre cliente y servidor.

Características:

- Utiliza protocolos de seguridad como TLS/SSL.
- Cifra los datos transmitidos.
- Garantiza la confidencialidad e integridad de la información.

Ventajas:

- Protección frente a interceptación de datos.
- Seguridad en transacciones (por ejemplo, pagos online).
- Autenticación del servidor.

SSH (Secure Shell)

SSH es un protocolo seguro utilizado para acceder de forma remota a sistemas y gestionarlos.

Funciones:

- Acceso remoto a servidores.
- Ejecución de comandos de forma segura.
- Transferencia segura de archivos.

Características:

- Cifrado de la comunicación.
- Autenticación mediante claves o contraseñas.
- Protección frente a accesos no autorizados.

Importancia de los protocolos seguros

El uso de protocolos seguros es fundamental para:

▸ Proteger la información sensible.

▸ Evitar ataques como la interceptación de datos (man-in-the-middle).

▸ Garantizar la privacidad de las comunicaciones.

▸ Cumplir con normativas de seguridad.

Comparativa

▸ HTTP vs HTTPS:

- HTTP: sin cifrado.

- HTTPS: comunicación cifrada y segura.

▸ Telnet vs SSH:

- Telnet: comunicación sin cifrar.

- SSH: comunicación segura.

5.3 HERRAMIENTAS DE MONITORIZACIÓN

Las herramientas de monitorización permiten supervisar el estado, rendimiento y disponibilidad de los sistemas y redes. Constituyen un elemento clave en la gestión de infraestructuras tecnológicas, ya que facilitan la detección de incidencias, el análisis del comportamiento del sistema y la toma de decisiones.

En entornos empresariales, estas herramientas permiten:

▸ Monitorizar dispositivos de red y servidores.

▸ Analizar el rendimiento de sistemas.

▸ Generar alertas ante fallos.

▸ Visualizar métricas en tiempo real.

▸ Garantizar la continuidad del servicio.

La evolución tecnológica ha dado lugar a herramientas más avanzadas, integradas y orientadas a entornos distribuidos y cloud.

5.3.1 Herramientas clásicas y modernas

Las herramientas de monitorización pueden clasificarse en función de su evolución y características en dos grandes grupos: herramientas clásicas y herramientas modernas.

Herramientas clásicas

Son soluciones tradicionales que han sido ampliamente utilizadas en la monitorización de sistemas y redes.

Características:

- Monitorización basada en hosts y servicios.
- Configuración manual.
- Interfaz menos visual.
- Enfoque en alertas y estado del sistema.

Ventajas:

- Estabilidad y fiabilidad.
- Amplia documentación y comunidad.
- Bajo consumo de recursos.

Limitaciones:

- Menor capacidad de integración con sistemas modernos.
- Escalabilidad limitada en entornos complejos.

Herramientas modernas

Las herramientas modernas están diseñadas para entornos dinámicos, distribuidos y basados en la nube.

Características:

- Integración con arquitecturas cloud y microservicios.
- Visualización avanzada mediante dashboards.
- Automatización y escalabilidad.
- Uso de métricas, logs y trazas.

Ventajas:

- Mayor capacidad de análisis.
- Visualización en tiempo real.
- Integración con múltiples sistemas.

Limitaciones:

- Mayor complejidad de implementación.
- Requieren más recursos.

5.3.1.1 NAGIOS Y CACTI

Nagios

Nagios es una de las herramientas clásicas más utilizadas para la monitorización de sistemas y redes.

Características principales:

- Monitorización de hosts y servicios.
- Generación de alertas ante fallos.
- Sistema basado en plugins.
- Supervisión de disponibilidad.

Funciones:

- Detectar caídas de servidores.
- Monitorizar servicios (HTTP, SMTP, etc.).
- Enviar notificaciones (correo, SMS).

Ventajas:

- Alta fiabilidad.
- Gran flexibilidad mediante plugins.
- Amplia comunidad.

Limitaciones:

- Interfaz menos intuitiva.
- Configuración compleja en grandes entornos.

Cacti

Cacti es una herramienta centrada en la monitorización y visualización de métricas, especialmente en redes.

Características principales:

- Generación de gráficos de rendimiento.
- Uso de SNMP para recoger datos.
- Visualización histórica de métricas.

Funciones:

- Monitorizar ancho de banda.
- Analizar tráfico de red.
- Visualizar tendencias de uso.

Ventajas:

- Excelente representación gráfica.
- Útil para análisis histórico.
- Fácil interpretación de datos.

Limitaciones:

- Menor capacidad de alertas que otras herramientas.
- Enfoque principalmente en métricas, no en eventos.

Diferencias entre Nagios y Cacti

- **Nagios:**
  - Orientado a monitorización de disponibilidad y alertas.
  - Detecta fallos en servicios.

▶ **Cacti:**

- Orientado a visualización de métricas.
- Analiza rendimiento y tendencias.

Uso conjunto

En muchos entornos, ambas herramientas se utilizan de forma complementaria:

▶ Nagios detecta problemas.

▶ Cacti permite analizar el rendimiento a lo largo del tiempo.

5.3.1.2 IMPORTANCIA DE LAS HERRAMIENTAS DE MONITORIZACIÓN

El uso de herramientas adecuadas permite:

▶ Detectar incidencias de forma temprana.

▶ Mejorar la disponibilidad del sistema.

▶ Optimizar el rendimiento.

▶ Facilitar la administración de la infraestructura.

5.3.1.3 HERRAMIENTAS MODERNAS (ZABBIX, ELASTIC STACK)

Las herramientas modernas de monitorización están diseñadas para entornos dinámicos, distribuidos y altamente escalables, donde se requiere una visión integral del sistema basada en métricas, logs y eventos. Estas soluciones permiten una gestión más avanzada, automatizada y visual de la infraestructura.

Zabbix

Zabbix es una plataforma de monitorización de código abierto ampliamente utilizada para supervisar redes, servidores, aplicaciones y servicios.

Características principales:

▧ Monitorización en tiempo real de múltiples dispositivos.

▧ Soporte para agentes y monitorización sin agente.

▧ Sistema de alertas configurable.

▧ Visualización mediante dashboards.

Funciones:

▧ Supervisión de CPU, memoria, red y almacenamiento.

▧ Monitorización de servicios y aplicaciones.

▧ Detección automática de dispositivos.

Ventajas:

- Alta escalabilidad.

- Interfaz gráfica avanzada.

- Integración con múltiples sistemas.

Limitaciones:

- Requiere configuración inicial compleja en grandes entornos.

Elastic Stack

Elastic Stack (también conocido como ELK Stack) es una plataforma orientada a la gestión, análisis y visualización de logs y datos.

Componentes principales:

- Elasticsearch: motor de búsqueda y análisis.

- Logstash: procesamiento e ingestión de datos.

- Kibana: visualización de datos mediante dashboards.

Características:

- Análisis de grandes volúmenes de datos.

- Visualización interactiva.

- Búsquedas rápidas y eficientes.

Ventajas:

- Excelente capacidad de análisis de logs.

- Escalabilidad en entornos distribuidos.

- Integración con múltiples fuentes de datos.

Limitaciones:

- Requiere recursos y conocimientos técnicos.

5.3.2 Sistemas SIEM

Los sistemas SIEM (Security Information and Event Management) son plataformas que permiten recopilar, analizar y correlacionar eventos de seguridad procedentes de múltiples fuentes, con el objetivo de detectar amenazas y responder a incidentes de forma eficiente.

Concepto

Un sistema SIEM integra:

- Gestión de logs.
- Análisis de eventos.
- Correlación de información.
- Generación de alertas de seguridad.

Funciones principales

- Recolección centralizada de logs.
- Análisis en tiempo real.
- Detección de anomalías.
- Generación de alertas.
- Cumplimiento normativo.

Importancia

Los SIEM son fundamentales para:

- Detectar ataques y amenazas.
- Investigar incidentes de seguridad.
- Cumplir con normativas de protección de datos.
- Mejorar la visibilidad del sistema.

Sistema SIEM	Tipo	Función principal	Uso habitual
Splunk	Comercial	Análisis y correlación de logs	Grandes empresas
IBM QRadar	Comercial	Gestión de eventos y amenazas	Entornos corporativos
ArcSight	Comercial	Monitorización en tiempo real	Infraestructuras críticas
Elastic SIEM	Mixto	Análisis de logs con dashboards	PYMES / entornos híbridos
Wazuh	Open Source	Monitorización y detección de intrusiones	Empresas / laboratorio
Graylog	Mixto	Gestión centralizada de logs	Monitorización básica

5.3.2.1 SPLUNK

Splunk es una de las plataformas SIEM más utilizadas en entornos empresariales.

Características principales:

▶ Recolección y análisis de datos en tiempo real.

▶ Indexación de grandes volúmenes de logs.

▶ Visualización mediante dashboards.

▶ Capacidades avanzadas de búsqueda.

Funciones:

▶ Detección de amenazas de seguridad.

▶ Monitorización de sistemas.

▶ Análisis de eventos.

Ventajas:

▶ Alta potencia de análisis.

▶ Interfaz avanzada.

▶ Amplia adopción en entornos empresariales.

Limitaciones:

▶ Coste elevado en versiones empresariales.

▶ Requiere conocimientos técnicos.

5.3.2.2 GESTIÓN DE LOGS Y EVENTOS

La gestión de logs y eventos es una actividad esencial dentro de la monitorización y la seguridad de sistemas, ya que permite registrar, analizar y correlacionar la información generada por los sistemas.

Concepto

Consiste en:

- Recoger logs de múltiples fuentes.
- Almacenarlos de forma centralizada.
- Analizarlos para detectar patrones o anomalías.

Fuentes de logs

- Sistemas operativos.
- Aplicaciones.
- Dispositivos de red.
- Sistemas de seguridad (firewalls, IDS/IPS).

Procesos clave

- Recolección: obtención de datos.
- Normalización: formato uniforme.
- Almacenamiento: gestión de grandes volúmenes.
- Análisis: identificación de eventos relevantes.
- Correlación: relación entre eventos.

Beneficios

- Detección de incidentes de seguridad.
- Análisis forense.
- Cumplimiento normativo.
- Mejora del rendimiento.

Retos

- Gestión de grandes volúmenes de datos.
- Identificación de eventos relevantes.
- Protección de la información.

Importancia global

Las herramientas modernas y los sistemas SIEM permiten:

- Monitorizar sistemas complejos.
- Detectar amenazas en tiempo real.
- Analizar grandes volúmenes de datos.
- Mejorar la seguridad y el rendimiento.

La combinación de herramientas como Zabbix, Elastic Stack y plataformas SIEM como Splunk proporciona a las organizaciones una visión completa de su infraestructura, permitiendo una gestión proactiva, segura y eficiente de los sistemas y comunicaciones.

5.4 ACTIVIDADES

Actividad práctica 1. Identificación de elementos de la infraestructura de red

Objetivo: reconocer los componentes de una red y comprender su función dentro de la monitorización.

Enunciado: una empresa dispone de la siguiente infraestructura básica:

- Un router de salida a Internet.
- Dos switches gestionables para la red local.
- Un firewall perimetral.
- Varios puntos de acceso Wi-Fi.
- Un IDS en modo monitorización.

Tareas:

1. Explica cuál es la función principal de cada uno de estos dispositivos.

2. Indica qué riesgos o problemas podrían producirse si fallara cada uno de ellos.

3. Señala qué métricas sería recomendable monitorizar en cada caso.

4. Explica cuáles de estos dispositivos tienen una función principalmente de conectividad y cuáles tienen una función principalmente de seguridad.

Actividad práctica 2. Análisis de protocolos y servicios de red

Objetivo: relacionar protocolos de comunicación con los servicios que utilizan y valorar su importancia en la disponibilidad de la red.

Enunciado: en una organización se utilizan los siguientes servicios y protocolos:

- Navegación web corporativa mediante HTTP y HTTPS.
- Acceso remoto a servidores mediante SSH.
- Resolución de nombres mediante DNS.
- Comunicación interna basada en TCP/IP.

Tareas:

1. Explica la función de cada uno de estos protocolos.

2. Indica qué servicio o aplicación depende de cada protocolo.

3. Señala qué consecuencias tendría un fallo del servicio DNS en la organización.

4. Explica la diferencia entre HTTP y HTTPS, y entre Telnet y SSH, desde el punto de vista de la seguridad.

5. Indica qué protocolos deberían considerarse prioritarios en una estrategia de monitorización.

Actividad práctica 3. Detección de problemas de red mediante métricas

Objetivo: interpretar indicadores básicos de red y detectar incidencias de rendimiento o disponibilidad.

Enunciado: durante una revisión de la red, se observan los siguientes datos:

▶ Latencia elevada entre sedes.

▶ Pérdida de paquetes en determinados momentos del día.

▶ Uso del ancho de banda cercano al 95 %.

▶ Incremento anómalo del número de conexiones activas.

▶ Descenso del rendimiento de varios servicios corporativos.

Tareas:

1. Analiza qué problemas podrían estar afectando a la red.

2. Relaciona cada síntoma con una posible causa técnica.

3. Indica qué dispositivos o servicios revisarías en primer lugar.

4. Propón al menos tres medidas correctoras o preventivas.

5. Explica por qué la monitorización continua ayuda a detectar este tipo de problemas antes de que afecten gravemente al negocio.

Actividad práctica 4. Comparación de herramientas de monitorización

Objetivo: distinguir entre herramientas clásicas, modernas y orientadas a seguridad.

Enunciado: el responsable de sistemas quiere implantar una solución de monitorización y valora las siguientes herramientas:

▶ Nagios.

▶ Cacti.

▶ Zabbix.

▶ Elastic Stack.

▶ Splunk.

Tareas:

1. Clasifica estas herramientas según estén orientadas principalmente a:

   - Disponibilidad y alertas,
   - Visualización de métricas,
   - Análisis de logs,
   - Monitorización moderna e integrada,
   - Gestión de eventos de seguridad.

2. Explica la principal función de cada una.

3. Indica en qué tipo de organización o escenario tendría más sentido utilizar cada herramienta.

4. Explica qué ventajas tendría combinar varias de ellas dentro de una misma estrategia de monitorización.

Actividad práctica 5. Diseño de un esquema básico de monitorización y gestión de logs

Objetivo: aplicar los conceptos del capítulo al diseño de una solución realista de supervisión de sistemas y comunicaciones.

Enunciado: una empresa mediana quiere implantar una solución básica de monitorización que permita supervisar:

- Servidores.
- Dispositivos de red.
- Tráfico y rendimiento.
- Eventos de seguridad.
- Logs centralizados.

Tareas:

1. Diseña un esquema básico indicando qué herramientas o sistemas utilizarías para cada necesidad.

2. Señala qué dispositivos y servicios deberían enviar logs a una plataforma centralizada.

3. Explica qué tipo de alertas deberían configurarse como prioritarias.

4. Indica qué ventajas aportaría un sistema SIEM en este entorno.

5. Propón un pequeño cuadro de mando con al menos seis indicadores relevantes para supervisar el estado general de la infraestructura.

5.5 CUESTIONARIO

1. ¿Cuál es la función principal de un router en una red?
   a) Almacenar datos.
   b) Conectar dispositivos dentro de una misma red local.
   c) Dirigir paquetes de datos entre distintas redes.
   d) Filtrar virus.

2. ¿Qué dispositivo se utiliza principalmente para conectar equipos dentro de una red local (LAN)?
   a) Router.
   b) Switch.
   c) Firewall.
   d) Módem.

3. ¿Cuál es la función principal de un firewall?
   a) Aumentar la velocidad de la red.
   b) Gestionar el almacenamiento.
   c) Filtrar y controlar el tráfico de red.
   d) Asignar direcciones IP.

4. ¿Qué diferencia principal existe entre un IDS y un IPS?
   a) No existe ninguna diferencia.
   b) El IDS bloquea ataques y el IPS no.
   c) El IDS detecta y el IPS detecta y bloquea.
   d) El IPS solo analiza tráfico interno.

5. **¿Qué protocolo es la base de las comunicaciones en Internet?**
   a) HTTP.
   b) DNS.
   c) TCP/IP.
   d) FTP.

6. **¿Cuál es la función principal del protocolo DNS?**
   a) Transferir archivos.
   b) Traducir nombres de dominio a direcciones IP.
   c) Cifrar comunicaciones.
   d) Gestionar correos electrónicos.

7. **¿Qué protocolo proporciona comunicación segura en la web?**
   a) HTTP.
   b) FTP.
   c) HTTPS.
   d) Telnet.

8. **¿Qué herramienta de monitorización está orientada principalmente a la visualización de métricas mediante gráficos?**
   a) Nagios.
   b) Cacti.
   c) Zabbix.
   d) Splunk.

9. **¿Cuál es la función principal de un sistema SIEM?**
   a) Gestionar bases de datos.
   b) Monitorizar hardware exclusivamente.
   c) Analizar y correlacionar eventos de seguridad.
   d) Aumentar el ancho de banda.

10. **¿Qué herramienta es un ejemplo de plataforma SIEM?**
    a) Grafana.
    b) Prometheus.
    c) Splunk.
    d) Docker.

RESPUESTAS

1. c

2. b

3. c

4. c

5. c

6. b

7. c

8. b

9. c

10. c

6

SISTEMAS DE REGISTRO (LOGGING)

Los sistemas de registro, conocidos como logging, constituyen un elemento esencial en la gestión de sistemas de información, ya que permiten almacenar y analizar los eventos que se producen en sistemas, aplicaciones y redes. Estos registros proporcionan una trazabilidad completa de las operaciones, facilitando tanto la monitorización como la auditoría y la seguridad.

El logging permite:

- Registrar eventos relevantes del sistema.

- Detectar errores y fallos.

- Analizar el comportamiento de aplicaciones.

- Investigar incidentes de seguridad.

- Cumplir con requisitos legales y normativos.

En entornos empresariales, los sistemas de registro son fundamentales para garantizar la transparencia, la trazabilidad y la seguridad de la información.

6.1 REQUISITOS DE REGISTRO

Los sistemas de logging deben cumplir una serie de requisitos para garantizar que los datos registrados sean útiles, fiables y seguros. Estos requisitos determinan cómo se recogen, almacenan y gestionan los logs.

Requisitos fundamentales

▸ **Integridad**: los registros no deben ser modificados sin autorización.

▸ **Disponibilidad**: los logs deben estar accesibles cuando se necesiten.

▸ **Confidencialidad**: la información debe protegerse frente a accesos no autorizados.

▸ **Trazabilidad**: los eventos deben poder seguirse en el tiempo.

▸ **Exactitud**: los datos deben ser correctos y completos.

Además, los sistemas de registro deben:

▸ Centralizar la información.

▸ Permitir la correlación de eventos.

▸ Integrarse con herramientas de monitorización y seguridad.

6.1.1 Niveles y retención

La gestión de logs implica definir qué tipo de información se registra (niveles) y durante cuánto tiempo se conserva (retención). Ambos aspectos son clave para equilibrar la utilidad de los registros con el consumo de recursos y el cumplimiento normativo.

Niveles de registro

Los niveles de logging permiten clasificar los eventos según su importancia o gravedad.

Principales niveles:

- **DEBUG**: información detallada para desarrollo y diagnóstico.
- **INFO**: eventos normales del sistema.
- **WARNING**: situaciones que podrían derivar en problemas.
- **ERROR**: fallos que afectan al funcionamiento.
- **CRITICAL**: errores graves que comprometen el sistema.

Importancia:

- Permiten filtrar la información relevante.
- Facilitan el análisis de incidencias.
- Reducen el volumen de datos innecesarios.

Retención de logs

La retención de logs hace referencia al periodo durante el cual los registros se almacenan antes de ser eliminados o archivados.

Factores que influyen:

- Requisitos legales y normativos.
- Necesidades de auditoría.
- Capacidad de almacenamiento.
- Políticas de seguridad.

Ejemplos de periodos de retención:

- Logs operativos: días o semanas.
- Logs de seguridad: meses o años.

Políticas de retención

Las organizaciones deben definir políticas que establezcan:

- Qué logs se almacenan.
- Durante cuánto tiempo.
- Dónde se almacenan.
- Cómo se eliminan de forma segura.

Técnicas de gestión de retención

- **Rotación de logs**: eliminación o archivado automático.
- **Compresión**: reducción del tamaño de los archivos.
- **Almacenamiento externo**: uso de sistemas externos o cloud.

Importancia de la gestión de niveles y retención

Una correcta gestión permite:

- Optimizar el uso del almacenamiento.
- Cumplir con la normativa vigente.
- Facilitar la investigación de incidentes.
- Mantener un sistema eficiente y seguro.

6.1.1.1 POLÍTICAS DE ALMACENAMIENTO

Las políticas de almacenamiento de logs definen cómo se gestionan, almacenan y conservan los registros generados por los sistemas. Estas políticas son fundamentales para garantizar la disponibilidad, integridad y eficiencia en la gestión de los datos registrados.

Objetivos de las políticas de almacenamiento

- Asegurar la conservación de información relevante.
- Optimizar el uso del almacenamiento disponible.
- Garantizar el acceso a los registros cuando sea necesario.
- Cumplir con requisitos legales y normativos.

Elementos clave de una política de almacenamiento

▸ **Ubicación del almacenamiento**:

- Local (servidores internos).
- Remoto (almacenamiento en red o cloud).

▸ **Tipo de almacenamiento**:

- Almacenamiento en caliente (acceso inmediato).
- Almacenamiento en frío (archivado a largo plazo).

▸ **Duración de la retención**:

- Definición de periodos según tipo de log.

▸ **Mecanismos de rotación**:

- Eliminación automática de logs antiguos.
- Archivado periódico.

▸ **Compresión de datos**:

- Reducción del tamaño de los archivos.

Estrategias habituales

▸ Almacenamiento centralizado para facilitar la gestión.

▸ Separación de logs críticos y no críticos.

▸ Uso de sistemas redundantes para evitar pérdida de información.

Importancia

Una política bien definida permite:

▸ Evitar saturación de almacenamiento.

▸ Mejorar el rendimiento del sistema.

▸ Facilitar auditorías y análisis.

6.1.1.2 CUMPLIMIENTO LEGAL

El cumplimiento legal en la gestión de logs implica adaptar las políticas de registro y almacenamiento a la normativa vigente en materia de protección de datos, seguridad y auditoría.

Normativa aplicable

En el contexto europeo y español, destacan:

- Reglamento General de Protección de Datos (RGPD).

- Ley Orgánica de Protección de Datos y Garantía de Derechos Digitales (LOPDGDD).

- Normativa de ciberseguridad y protección de infraestructuras.

Requisitos legales principales

- **Minimización de datos**: registrar únicamente la información necesaria.

- **Limitación de conservación**: no mantener datos más tiempo del necesario.

- **Confidencialidad**: proteger los datos frente a accesos no autorizados.

- **Transparencia**: informar sobre el tratamiento de datos.

Obligaciones de las organizaciones

- Definir políticas de retención.

- Garantizar la seguridad de los registros.

- Permitir el acceso y control de los datos cuando sea necesario.

- Documentar los procesos de tratamiento de logs.

Riesgos del incumplimiento

- Sanciones económicas.

- Daño reputacional.

- Pérdida de confianza de usuarios y clientes.

Importancia

El cumplimiento legal asegura:

- Protección de datos personales.
- Adecuación a la normativa vigente.
- Seguridad jurídica para la organización.

6.2 SEGURIDAD DE LOS REGISTROS

La seguridad de los registros es un aspecto crítico dentro de los sistemas de logging, ya que los logs pueden contener información sensible, como accesos, configuraciones, errores o eventos de seguridad.

Objetivos de la seguridad de logs

- Proteger la integridad de los registros.
- Evitar accesos no autorizados.
- Garantizar la disponibilidad de la información.

Principales riesgos

- Manipulación de logs para ocultar incidentes.
- Acceso no autorizado a información sensible.
- Pérdida o corrupción de datos.

Medidas de seguridad

- **Control de acceso**:
  - Restricción de acceso a usuarios autorizados.
  - Uso de autenticación y autorización.
- **Cifrado**:
  - Protección de logs en tránsito y en reposo.
- **Integridad**:
  - Uso de firmas digitales o hashes.

▼ **Centralización**:

- Almacenamiento en sistemas seguros y controlados.

▼ **Auditoría**:

- Registro de accesos y modificaciones.

Buenas prácticas

▼ Separar los sistemas de logs de los sistemas productivos.

▼ Realizar copias de seguridad periódicas.

▼ Monitorizar accesos a los registros.

▼ Implementar alertas ante modificaciones sospechosas.

Importancia en la seguridad global

La seguridad de los logs permite:

▼ Detectar incidentes de seguridad.

▼ Realizar análisis forense.

▼ Garantizar la trazabilidad de eventos.

▼ Cumplir con requisitos normativos.

6.2.1 Integridad y confidencialidad

La integridad y la confidencialidad son dos principios fundamentales en la seguridad de los sistemas de registro (logging). Dado que los logs pueden contener información crítica —como accesos, errores, configuraciones o eventos de seguridad—, es imprescindible garantizar que estos datos no sean alterados ni accedidos por personas no autorizadas.

Integridad

La integridad asegura que los registros:

▼ No han sido modificados de forma indebida.

▼ Reflejan fielmente los eventos ocurridos.

▼ Mantienen su valor probatorio en auditorías o investigaciones.

La pérdida de integridad puede suponer:

- Ocultación de incidentes de seguridad.
- Alteración de evidencias.
- Dificultades en el análisis forense.

Confidencialidad

La confidencialidad garantiza que:

- Solo los usuarios autorizados pueden acceder a los logs.
- La información sensible está protegida.
- Se evita la exposición de datos críticos.

La falta de confidencialidad puede provocar:

- Fugas de información.
- Acceso indebido a datos personales o corporativos.
- Vulnerabilidades de seguridad.

Importancia conjunta

Ambos principios son esenciales para:

- Mantener la seguridad del sistema.
- Garantizar el cumplimiento normativo.
- Proteger la información sensible.
- Asegurar la fiabilidad de los registros.

6.2.1.1 CIFRADO DE LOGS

El cifrado de logs consiste en aplicar técnicas criptográficas para proteger la información almacenada y transmitida en los registros.

Objetivos del cifrado

- Proteger la información frente a accesos no autorizados.
- Garantizar la confidencialidad de los datos.
- Evitar la manipulación de los registros.

Tipos de cifrado

- **Cifrado en tránsito**:
  Protege los logs durante su transmisión entre sistemas.
  Ejemplo: uso de protocolos seguros como HTTPS o SSH.

- **Cifrado en reposo**:
  Protege los logs almacenados en discos o sistemas de almacenamiento.

Técnicas utilizadas

- Algoritmos de cifrado simétrico (rápidos y eficientes).
- Algoritmos de cifrado asimétrico (para autenticación y claves).
- Uso de certificados digitales.

Ventajas

- Protección frente a accesos no autorizados.
- Seguridad en entornos distribuidos.
- Cumplimiento de normativas de protección de datos.

Buenas prácticas

- Utilizar protocolos seguros para la transmisión de logs.
- Gestionar adecuadamente las claves criptográficas.
- Aplicar cifrado tanto en tránsito como en reposo.

6.2.1.2 CONTROL DE ACCESOS

El control de accesos es el conjunto de mecanismos que permiten limitar quién puede acceder a los registros y qué acciones puede realizar sobre ellos.

Objetivos

- Garantizar que solo usuarios autorizados accedan a los logs.
- Definir niveles de permisos.
- Proteger la información sensible.

Tipos de control de acceso

▸ **Control de acceso basado en roles (RBAC):**
Los permisos se asignan en función del rol del usuario.

▸ **Control de acceso basado en atributos (ABAC):**
Se basa en características del usuario, recurso o contexto.

Niveles de acceso

▸ Lectura: acceso a la información.

▸ Escritura: modificación de registros.

▸ Administración: gestión completa del sistema de logs.

Medidas de seguridad

▸ Autenticación fuerte (contraseñas robustas, MFA).

▸ Registro de accesos (auditoría).

▸ Principio de mínimo privilegio.

▸ Segregación de funciones.

Buenas prácticas

▸ Limitar el acceso únicamente a personal autorizado.

▸ Revisar periódicamente los permisos.

▸ Registrar todas las acciones sobre los logs.

Importancia

El control de accesos permite:

▸ Evitar manipulaciones indebidas.

▸ Proteger información crítica.

▸ Garantizar la trazabilidad.

▸ Cumplir con normativas de seguridad.

La combinación de cifrado y control de accesos constituye la base para garantizar la integridad y confidencialidad de los sistemas de registro, asegurando que los logs sean fiables, seguros y útiles para la gestión y la auditoría de los sistemas.

6.3 ARQUITECTURAS DE ALMACENAMIENTO

Las arquitecturas de almacenamiento hacen referencia a la forma en que se organizan, estructuran y gestionan los datos dentro de una infraestructura tecnológica. En el contexto de los sistemas de registro (logging), estas arquitecturas deben ser capaces de manejar grandes volúmenes de información generados de forma continua por sistemas, aplicaciones y dispositivos de red.

En entornos actuales, caracterizados por el crecimiento exponencial de los datos, es imprescindible contar con arquitecturas:

▶ Escalables.

▶ Distribuidas.

▶ Seguras.

▶ Eficientes en el acceso y procesamiento de datos.

Estas arquitecturas permiten garantizar la disponibilidad de los logs, facilitar su análisis y optimizar el rendimiento del sistema.

6.3.1 Soluciones modernas

Las soluciones modernas de almacenamiento han evolucionado para adaptarse a entornos cloud, sistemas distribuidos y grandes volúmenes de datos (big data). Estas soluciones permiten gestionar logs de forma eficiente, flexible y segura.

Características principales:

▶ Almacenamiento distribuido.

▶ Alta disponibilidad.

▶ Integración con herramientas de análisis.

▶ Capacidad de escalado dinámico.

Estas soluciones son especialmente relevantes en entornos empresariales donde se generan millones de eventos diarios.

6.3.1.1 DATA LAKES Y CLOUD

Data Lakes

Un data lake es un repositorio de almacenamiento que permite guardar grandes cantidades de datos en su formato original, sin necesidad de estructurarlos previamente.

Características:

- Almacenamiento de datos estructurados y no estructurados.
- Gran capacidad de almacenamiento.
- Flexibilidad para el análisis posterior.

Aplicación en logging:

- Almacenamiento masivo de logs.
- Análisis avanzado de eventos.
- Integración con herramientas de big data.

Ventajas:

- Escalabilidad.
- Flexibilidad.
- Bajo coste relativo.

Inconvenientes:

- Requiere herramientas de análisis avanzadas.
- Posible complejidad en la gestión.

Almacenamiento en la nube (Cloud)

El almacenamiento en la nube permite guardar datos en infraestructuras remotas gestionadas por proveedores externos.

Características:

- Acceso remoto desde cualquier ubicación.
- Escalabilidad bajo demanda.
- Alta disponibilidad.

Tipos de cloud:

- Nube pública.
- Nube privada.
- Nube híbrida.

Ventajas:

▶ Reducción de costes de infraestructura.

▶ Flexibilidad.

▶ Integración con servicios avanzados.

Aplicación en logging:

▶ Centralización de logs.

▶ Backup y recuperación.

▶ Análisis en tiempo real.

Importancia de estas soluciones

El uso de data lakes y cloud permite:

▶ Gestionar grandes volúmenes de logs.

▶ Facilitar el análisis de datos.

▶ Mejorar la disponibilidad y accesibilidad.

6.3.1.2 ESCALABILIDAD Y RENDIMIENTO

La escalabilidad y el rendimiento son dos factores clave en las arquitecturas de almacenamiento modernas, especialmente en sistemas de logging donde el volumen de datos puede crecer rápidamente.

Escalabilidad

La escalabilidad es la capacidad del sistema para adaptarse al crecimiento de datos sin perder eficiencia.

Tipos:

▶ Escalabilidad vertical: aumento de recursos en un mismo sistema (CPU, RAM).

▶ Escalabilidad horizontal: adición de nuevos nodos al sistema.

Importancia:

- Permite gestionar grandes volúmenes de logs.
- Facilita el crecimiento de la infraestructura.
- Evita cuellos de botella.

Rendimiento

El rendimiento hace referencia a la capacidad del sistema para procesar y acceder a los datos de forma rápida y eficiente.

Factores que influyen:

- Velocidad de acceso a datos.
- Capacidad de procesamiento.
- Optimización de consultas.
- Distribución de la carga.

Técnicas para mejorar rendimiento

- Uso de almacenamiento distribuido.
- Indexación de datos.
- Compresión de logs.
- Balanceo de carga.

Relación entre escalabilidad y rendimiento

- Un sistema escalable mantiene el rendimiento al crecer.
- Un sistema no escalable pierde eficiencia con el aumento de datos.

Importancia en sistemas de logging

La combinación de escalabilidad y rendimiento permite:

- Procesar grandes volúmenes de logs en tiempo real.
- Garantizar acceso rápido a la información.
- Facilitar el análisis de datos.
- Mantener la eficiencia del sistema.

6.4 ACTIVIDADES

Actividad práctica 1. Identificación de requisitos de un sistema de logging

Objetivo: reconocer los requisitos básicos que debe cumplir un sistema de registro en una organización.

Enunciado: una empresa quiere implantar un sistema centralizado de logs para registrar eventos de servidores, aplicaciones y dispositivos de red. La dirección solicita que el sistema permita analizar errores, investigar incidentes y cumplir con requisitos normativos.

Tareas:

1. Explica qué requisitos fundamentales debe cumplir el sistema de logging.

2. Indica por qué son importantes los principios de:
   - Integridad,
   - Disponibilidad,
   - Confidencialidad,
   - Trazabilidad,
   - Exactitud.

3. Señala qué riesgos podrían producirse si alguno de estos requisitos no se cumple.

4. Propón dos ventajas de centralizar los logs frente a mantenerlos dispersos en cada sistema.

Actividad práctica 2. Definición de niveles y política de retención

Objetivo: aplicar criterios de clasificación y conservación de registros.

Enunciado: una organización genera distintos tipos de eventos:

- Mensajes técnicos detallados durante el desarrollo de una aplicación.
- Registros normales de arranque y parada de servicios.
- Avisos sobre espacio en disco bajo.
- Errores de autenticación de usuarios.
- Fallos graves que provocan interrupción de un servicio crítico.

Tareas:

1. Asigna a cada evento el nivel de logging más adecuado:

   - DEBUG,
   - INFO,
   - WARNING,
   - ERROR,
   - CRITICAL.

2. Propón una política básica de retención diferenciando entre:

   - Logs operativos,
   - Logs de seguridad,
   - Logs de auditoría.

3. Explica qué factores deben tenerse en cuenta para definir el tiempo de conservación de los registros.

4. Indica qué técnicas pueden utilizarse para gestionar el crecimiento del volumen de logs.

Actividad práctica 3. Análisis de seguridad de los registros

Objetivo: identificar medidas para proteger la integridad y confidencialidad de los logs.

Enunciado: durante una auditoría interna se detectan las siguientes situaciones:

- Los logs se almacenan en texto plano sin cifrado.

- Varios administradores comparten la misma cuenta de acceso.

- No existe registro de quién consulta o modifica los logs.

- Los registros se almacenan en el mismo servidor que la aplicación principal.

- No se revisan los permisos de acceso de forma periódica.

Tareas:

1. Identifica los principales problemas de seguridad presentes en esta situación.

2. Explica qué riesgos genera cada una de estas deficiencias.

3. Propón medidas correctoras relacionadas con:
   - Cifrado,
   - Control de accesos,
   - Auditoría,
   - Segregación de sistemas.

4. Justifica por qué los logs deben considerarse información sensible dentro de la organización.

Actividad práctica 4. Diseño de una arquitectura de almacenamiento de logs

Objetivo: aplicar los conceptos de almacenamiento, escalabilidad y rendimiento a un sistema real.

Enunciado: una empresa de comercio electrónico genera millones de eventos al día procedentes de servidores web, aplicaciones, bases de datos, firewalls y sistemas de autenticación. Necesita almacenar los logs, analizarlos rápidamente y mantener registros históricos para auditoría.

Tareas:

1. Diseña una propuesta básica de arquitectura de almacenamiento de logs.

2. Indica qué ventajas tendría utilizar:
   - Almacenamiento centralizado,
   - Cloud,
   - Data lake.

3. Explica cómo influye la escalabilidad en un entorno con gran crecimiento de datos.

4. Señala al menos cuatro medidas para mejorar el rendimiento del sistema de almacenamiento de logs.

5. Indica qué tipos de logs deberían permanecer en almacenamiento en caliente y cuáles podrían archivarse en almacenamiento en frío.

Actividad práctica 5. Cumplimiento legal y gestión responsable de registros

Objetivo: relacionar el sistema de logging con las obligaciones legales y organizativas.

Enunciado: una organización registra accesos de usuarios, direcciones IP, actividad en aplicaciones, eventos de seguridad y errores del sistema. Parte de estos registros puede contener datos personales o información sensible.

Tareas:

1. Explica qué implicaciones legales puede tener el tratamiento de estos logs.

2. Indica qué principios deben respetarse para cumplir con la normativa de protección de datos:

   - Minimización,

   - Limitación del plazo de conservación,

   - Confidencialidad,

   - Seguridad del tratamiento.

3. Propón tres medidas organizativas para garantizar el cumplimiento legal en la gestión de registros.

4. Explica qué consecuencias podría tener para la empresa un uso inadecuado o una conservación excesiva de los logs.

5. Redacta una breve recomendación sobre cómo documentar una política de almacenamiento y acceso a registros.

6.5 CUESTIONARIO

1. **¿Cuál es la función principal de los sistemas de logging?**
   a) Aumentar la velocidad de la red.
   b) Registrar eventos del sistema para su análisis.
   c) Gestionar bases de datos.
   d) Controlar el acceso físico.

2. ¿Qué principio garantiza que los logs no han sido modificados?

a) Disponibilidad.

b) Confidencialidad.

c) Integridad.

d) Escalabilidad.

3. ¿Qué nivel de logging corresponde a información detallada para diagnóstico?

a) ERROR.

b) INFO.

c) DEBUG.

d) CRITICAL.

4. ¿Qué factor influye en la definición del periodo de retención de logs?

a) Tipo de sistema operativo.

b) Requisitos legales.

c) Marca del hardware.

d) Velocidad de la CPU.

5. ¿Qué técnica permite eliminar o archivar automáticamente logs antiguos?

a) Balanceo de carga.

b) Rotación de logs.

c) Virtualización.

d) Indexación.

6. ¿Cuál es el objetivo principal del cifrado de logs?

a) Reducir el tamaño de los archivos.

b) Aumentar la velocidad de acceso.

c) Proteger la confidencialidad de la información.

d) Mejorar el rendimiento del sistema.

7. ¿Qué tipo de cifrado protege los logs durante su transmisión?

a) Cifrado en reposo.

b) Cifrado simétrico.

c) Cifrado en tránsito.

d) Cifrado local.

8. ¿Qué principio de seguridad implica que solo usuarios autorizados accedan a los logs?

a) Integridad.

b) Disponibilidad.

c) Confidencialidad.

d) Escalabilidad.

9. ¿Qué es un data lake?

a) Un sistema de bases de datos relacional.

b) Un repositorio para almacenar grandes volúmenes de datos en bruto.

c) Un sistema de copias de seguridad.

d) Un tipo de red local.

10. ¿Qué tipo de escalabilidad implica añadir nuevos nodos al sistema?

a) Vertical.

b) Horizontal.

c) Local.

d) Estática.

RESPUESTAS

1. b

2. c

3. c

4. b

5. b

6. c

7. c

8. c

9. b

10. b

7

CONTROL DE ACCESOS E IDENTIDADES

El control de accesos e identidades es un elemento fundamental en la seguridad de los sistemas de información, ya que permite gestionar quién puede acceder a los recursos, en qué condiciones y con qué nivel de permisos. Su correcta implementación garantiza la protección de la información, la integridad de los sistemas y el cumplimiento de las normativas de seguridad.

En entornos empresariales, el control de accesos permite:

- Proteger datos sensibles.

- Evitar accesos no autorizados.

- Garantizar la trazabilidad de las acciones.

- Aplicar políticas de seguridad coherentes.

La gestión de identidades y accesos (IAM, Identity and Access Management) se ha convertido en un pilar clave en la ciberseguridad moderna, especialmente en entornos cloud y distribuidos.

7.1 GESTIÓN DE ACCESOS

La gestión de accesos consiste en definir, controlar y supervisar los permisos que tienen los usuarios sobre los recursos de un sistema. Este proceso incluye la autenticación, la autorización y la auditoría de accesos.

Elementos clave

▸ **Identidad**: representación digital de un usuario o entidad.

▸ **Autenticación**: proceso de verificación de identidad.

▸ **Autorización**: asignación de permisos.

▸ **Auditoría**: registro de accesos y actividades.

Objetivos de la gestión de accesos

▸ Garantizar que solo usuarios autorizados accedan a los recursos.

▸ Limitar los permisos según el rol del usuario.

▸ Reducir riesgos de seguridad.

▸ Cumplir con normativas legales.

Principios básicos

▸ **Principio de mínimo privilegio**: cada usuario debe tener solo los permisos necesarios.

▸ **Segregación de funciones**: evitar que un usuario tenga control total sobre procesos críticos.

▸ **Autenticación fuerte**: uso de múltiples factores (MFA).

7.1.1 Modelos de control

Los modelos de control de accesos definen cómo se gestionan los permisos dentro de un sistema. Existen diferentes enfoques que permiten adaptar la seguridad a las necesidades de la organización.

Modelo	Control	Ventaja principal	Desventaja principal	Uso habitual
DAC	Basado en el propietario	Flexible	Menor seguridad	Sistemas básicos
MAC	Basado en reglas estrictas	Muy seguro	Poco flexible	Entornos militares
RBAC	Basado en roles	Equilibrado y eficiente	Requiere gestión de roles	Empresas
ABAC	Basado en atributos	Muy flexible y avanzado	Alta complejidad	Sistemas avanzados

Control de acceso discrecional (DAC)

En el modelo DAC, el propietario de un recurso decide quién puede acceder a él y con qué permisos.

Características:

- Flexibilidad en la gestión de permisos.
- Control descentralizado.

Ventajas:

- Fácil de implementar.
- Permite personalización.

Inconvenientes:

- Menor seguridad.
- Posible propagación de permisos no controlada.

Control de acceso obligatorio (MAC)

En el modelo MAC, los permisos son establecidos por una autoridad central y no pueden ser modificados por los usuarios.

Características:

- Alto nivel de seguridad.
- Basado en niveles de clasificación (ej. confidencial, secreto).

Ventajas:

- Control estricto.
- Adecuado para entornos críticos.

Inconvenientes:

- Menor flexibilidad.
- Mayor complejidad de gestión.

Control de acceso basado en roles (RBAC)

En el modelo RBAC, los permisos se asignan a roles, y los usuarios adquieren permisos en función de su rol dentro de la organización.

Características:

- Gestión centralizada de permisos.
- Asignación basada en funciones.

Ventajas:

- Escalabilidad.
- Simplificación de la administración.

Inconvenientes:

- Requiere una correcta definición de roles.

Control de acceso basado en atributos (ABAC)

En el modelo ABAC, los permisos se determinan en función de atributos del usuario, del recurso y del contexto.

Ejemplos de atributos:

- Rol del usuario.
- Ubicación.
- Hora de acceso.

Ventajas:

- Gran flexibilidad.
- Adaptación a entornos dinámicos.

Inconvenientes:

- Mayor complejidad de implementación.

Comparativa de modelos

- ⚑ DAC: flexible, menos seguro.

- ⚑ MAC: muy seguro, poco flexible.

- ⚑ RBAC: equilibrado y ampliamente utilizado.

- ⚑ ABAC: flexible y avanzado, más complejo.

Importancia de los modelos de control

La elección del modelo adecuado permite:

- ⚑ Garantizar la seguridad del sistema.

- ⚑ Adaptar los accesos a las necesidades organizativas.

- ⚑ Reducir riesgos de acceso indebido.

7.1.1.1 RBAC (ROLE-BASED ACCESS CONTROL)

El modelo RBAC (Role-Based Access Control) es uno de los sistemas de control de accesos más utilizados en entornos empresariales. Se basa en la asignación de permisos a roles, en lugar de asignarlos directamente a usuarios individuales.

Concepto

En RBAC:

- Los permisos se asignan a roles.
- Los usuarios se asignan a roles.
- Los usuarios heredan los permisos del rol.

Ejemplo:

- Rol: Administrador → acceso completo.
- Rol: Usuario → acceso limitado.

Componentes del modelo

- Usuarios: personas o entidades que acceden al sistema.
- Roles: conjunto de permisos asociados a una función.
- Permisos: acciones que pueden realizarse (leer, escribir, ejecutar).

Características

- Gestión centralizada de permisos.
- Simplificación administrativa.
- Escalabilidad en grandes organizaciones.

Ventajas

- Reducción de errores en la asignación de permisos.
- Facilidad para gestionar usuarios.
- Adaptación a estructuras organizativas.

Inconvenientes

- Necesidad de definir correctamente los roles.
- Puede volverse complejo si hay demasiados roles.

Aplicación práctica

RBAC es ampliamente utilizado en:

1. Sistemas empresariales (ERP, CRM).

2. Sistemas operativos.

3. Plataformas cloud.

7.1.1.2 ABAC (ATTRIBUTE-BASED ACCESS CONTROL)

El modelo ABAC (Attribute-Based Access Control) es un sistema avanzado que determina los permisos en función de atributos relacionados con el usuario, el recurso y el contexto.

Concepto

En ABAC, el acceso se concede en función de:

▶ Atributos del usuario (rol, departamento).

▶ Atributos del recurso (tipo de archivo, nivel de confidencialidad).

▶ Contexto (hora, ubicación, dispositivo).

Ejemplo

Un usuario puede acceder a un sistema:

▶ Solo si pertenece al departamento de finanzas.

▶ Solo durante horario laboral.

▶ Solo desde una red corporativa.

Características

▶ Gran flexibilidad.

▶ Control dinámico de accesos.

▶ Adaptación a entornos complejos.

Ventajas

▶ Permite definir políticas de acceso muy precisas.

▶ Adecuado para entornos cloud y distribuidos.

▶ Mejora la seguridad en contextos dinámicos.

Inconvenientes

▶ Mayor complejidad de implementación.

▶ Requiere definición detallada de políticas.

Diferencias clave entre RBAC y ABAC

▶ RBAC: basado en roles fijos.

▶ ABAC: basado en múltiples condiciones dinámicas.

7.2 GESTIÓN DE IDENTIDADES

La gestión de identidades (Identity Management) es el conjunto de procesos y tecnologías que permiten crear, administrar y controlar las identidades digitales de los usuarios dentro de un sistema.

Concepto

Una identidad digital representa a un usuario o entidad en un sistema y está asociada a:

- Credenciales (usuario y contraseña).
- Permisos de acceso.
- Información personal o profesional.

Funciones principales

- Creación de identidades.
- Gestión de credenciales.
- Asignación de permisos.
- Eliminación o desactivación de cuentas.

Ciclo de vida de una identidad

1. Alta: creación de la cuenta.
2. Gestión: asignación y modificación de permisos.
3. Uso: acceso a sistemas.
4. Baja: eliminación o desactivación.

Sistemas de gestión de identidades

Incluyen herramientas que permiten:

- Centralizar la gestión de usuarios.
- Automatizar procesos.
- Integrarse con múltiples sistemas.

Ejemplos:

- Directorios como Active Directory.
- Sistemas LDAP.
- Plataformas IAM.

Autenticación

La autenticación verifica la identidad del usuario mediante:

- Algo que sabe (contraseña).
- Algo que tiene (token).
- Algo que es (biometría).

El uso de autenticación multifactor (MFA) mejora significativamente la seguridad.

Autorización

La autorización determina:

- A qué recursos puede acceder el usuario.
- Qué acciones puede realizar.

Importancia

La gestión de identidades permite:

- Garantizar la seguridad de los sistemas.
- Controlar el acceso a los recursos.
- Cumplir con normativas de protección de datos.
- Reducir riesgos de accesos indebidos.

7.2.1 Sistemas IAM

Los sistemas IAM (Identity and Access Management) son plataformas diseñadas para gestionar de forma centralizada las identidades digitales y los accesos a los recursos dentro de una organización. Constituyen un componente esencial en la seguridad de los sistemas de información, especialmente en entornos empresariales complejos y distribuidos.

Concepto

Un sistema IAM permite:

▶ Gestionar identidades de usuarios.

▶ Controlar accesos a sistemas y aplicaciones.

▶ Aplicar políticas de seguridad.

▶ Automatizar procesos de alta, modificación y baja de usuarios.

Funciones principales

▶ Autenticación: verificación de la identidad del usuario.

▶ Autorización: asignación de permisos.

▶ Gestión del ciclo de vida de identidades.

▶ Auditoría y trazabilidad.

Beneficios

▶ Centralización de la gestión de accesos.

▶ Mejora de la seguridad.

▶ Reducción de errores humanos.

▶ Cumplimiento normativo.

Componentes habituales

▶ Directorios de usuarios.

▶ Sistemas de autenticación.

▶ Herramientas de gestión de roles.

▶ Mecanismos de auditoría.

7.2.1.1 ACTIVE DIRECTORY

Active Directory es un servicio de directorio desarrollado por Microsoft que permite gestionar usuarios, equipos y recursos dentro de una red.

Concepto

Active Directory (AD) actúa como una base de datos centralizada que almacena información sobre:

- Usuarios.
- Equipos.
- Grupos.
- Recursos de red.

Funciones principales

- Autenticación de usuarios en la red.
- Gestión de permisos y accesos.
- Organización de recursos mediante dominios y unidades organizativas.
- Aplicación de políticas de grupo (GPO).

Componentes clave

- Dominio: conjunto de recursos gestionados.
- Controlador de dominio: servidor que gestiona la autenticación.
- Unidades organizativas (OU): estructura jerárquica de recursos.
- Políticas de grupo (GPO): configuración de seguridad y comportamiento.

Ventajas

- Gestión centralizada.
- Integración con sistemas Windows.
- Escalabilidad.

Aplicación práctica

Active Directory se utiliza para:

- Controlar accesos en redes corporativas.
- Gestionar usuarios y permisos.
- Aplicar políticas de seguridad.

7.2.1.2 LDAP Y DIRECTORIOS

LDAP (Lightweight Directory Access Protocol) es un protocolo estándar utilizado para acceder y gestionar servicios de directorio.

Concepto

LDAP permite:

- Consultar información de directorios.
- Autenticar usuarios.
- Gestionar identidades.

Características

- Protocolo ligero y eficiente.
- Basado en estructura jerárquica.
- Compatible con múltiples sistemas.

Estructura de directorios

Los directorios LDAP organizan la información en forma de árbol:

- Raíz.
- Unidades organizativas.
- Entradas (usuarios, grupos, recursos).

Funciones principales

- Autenticación de usuarios.
- Búsqueda de información.
- Gestión de identidades.

Ejemplos de uso

- Directorios empresariales.
- Sistemas de autenticación en aplicaciones.
- Integración con sistemas IAM.

Relación entre LDAP y Active Directory

- Active Directory utiliza LDAP como protocolo de acceso.
- LDAP es un estándar, mientras que Active Directory es una implementación específica.

Importancia

Los sistemas basados en LDAP permiten:

- Interoperabilidad entre sistemas.
- Gestión centralizada de identidades.
- Escalabilidad en entornos empresariales.

Los sistemas IAM, junto con herramientas como Active Directory y protocolos como LDAP, permiten gestionar de forma segura y eficiente las identidades y accesos, constituyendo un elemento clave en la protección de los sistemas de información en las organizaciones modernas.

7.2.2 Autenticación moderna

La autenticación moderna representa la evolución de los sistemas tradicionales de verificación de identidad, adaptándose a entornos digitales cada vez más complejos, distribuidos y expuestos a amenazas. Frente a los modelos basados únicamente en usuario y contraseña, la autenticación moderna incorpora mecanismos más seguros, flexibles y eficientes.

Su objetivo principal es:

- Garantizar la identidad del usuario.
- Reducir riesgos de accesos no autorizados.
- Mejorar la experiencia de uso.
- Adaptarse a entornos cloud y aplicaciones distribuidas.

En este contexto, destacan tecnologías como el Single Sign-On (SSO) y la autenticación multifactor (MFA).

7.2.2.1 SSO (SINGLE SIGN-ON)

El Single Sign-On (SSO) es un mecanismo de autenticación que permite a un usuario acceder a múltiples aplicaciones o sistemas mediante un único proceso de inicio de sesión.

Concepto

Con SSO:

- El usuario se autentica una sola vez.

- Accede a múltiples servicios sin volver a introducir credenciales.

Funcionamiento

1. El usuario inicia sesión en un sistema central.

2. Este sistema valida su identidad.

3. Se genera una credencial o token de sesión.

4. El usuario accede a diferentes aplicaciones sin autenticarse de nuevo.

Tecnologías asociadas

- Tokens de autenticación.

- Protocolos como SAML, OAuth u OpenID Connect.

Ventajas

- Mejora la experiencia del usuario.

- Reduce el número de contraseñas.

- Disminuye el riesgo de errores humanos.

- Facilita la gestión centralizada de accesos.

Inconvenientes

- Si se compromete la sesión, se accede a múltiples sistemas.

- Dependencia de un sistema central.

Aplicación práctica

SSO se utiliza en:

- Entornos corporativos.
- Plataformas cloud.
- Aplicaciones empresariales integradas.

7.2.2.2 MFA (AUTENTICACIÓN MULTIFACTOR)

La autenticación multifactor (MFA) es un sistema de seguridad que requiere la verificación de la identidad mediante dos o más factores distintos.

Concepto

MFA se basa en la combinación de:

- Algo que el usuario sabe (contraseña).
- Algo que el usuario tiene (token, móvil).
- Algo que el usuario es (biometría).

Ejemplos de factores

- Contraseña o PIN.
- Código enviado por SMS o app.
- Huella dactilar o reconocimiento facial.

Funcionamiento

1. El usuario introduce sus credenciales.
2. El sistema solicita un segundo factor.
3. Se verifica la identidad completa.

Ventajas

- Aumenta significativamente la seguridad.
- Reduce el riesgo de accesos indebidos.
- Protege frente a ataques de robo de credenciales.

Inconvenientes

▸ Puede afectar a la experiencia de usuario.

▸ Requiere infraestructura adicional.

Aplicación práctica

MFA se utiliza en:

▸ Acceso a sistemas corporativos.

▸ Banca electrónica.

▸ Plataformas cloud.

Relación entre SSO y MFA

Ambos sistemas suelen combinarse:

▸ SSO simplifica el acceso.

▸ MFA refuerza la seguridad.

De este modo, se consigue:

▸ Mayor comodidad para el usuario.

▸ Mayor protección frente a amenazas.

7.3 SEGURIDAD Y CUMPLIMIENTO

La seguridad y el cumplimiento normativo en el ámbito del control de accesos e identidades son aspectos esenciales para garantizar la protección de la información y el adecuado funcionamiento de los sistemas. Las organizaciones deben establecer medidas que aseguren no solo la seguridad técnica, sino también el cumplimiento de las obligaciones legales y regulatorias.

El cumplimiento (compliance) implica:

▸ Adaptarse a la normativa vigente.

▸ Implementar controles de seguridad adecuados.

▸ Garantizar la protección de los datos.

▸ Demostrar el cumplimiento mediante evidencias.

En entornos actuales, especialmente con la creciente digitalización y el uso de sistemas distribuidos, la seguridad y el cumplimiento son elementos clave para evitar sanciones, proteger la reputación y garantizar la confianza de usuarios y clientes.

7.3.1 Requisitos legales

Los requisitos legales establecen las obligaciones que deben cumplir las organizaciones en relación con la gestión de datos, accesos y sistemas de información. Estas obligaciones están definidas por normativas nacionales e internacionales que regulan la protección de la información y la seguridad.

Objetivos de los requisitos legales

▼ Proteger los datos personales.

▼ Garantizar la seguridad de la información.

▼ Regular el acceso a los sistemas.

▼ Establecer responsabilidades.

7.3.1.1 PROTECCIÓN DE DATOS

La protección de datos es uno de los pilares fundamentales del cumplimiento normativo, especialmente en lo relativo a la gestión de identidades y accesos.

Principios básicos

▼ **Licitud y transparencia**: los datos deben tratarse de forma legal y clara.

▼ **Limitación de la finalidad**: los datos solo deben utilizarse para fines específicos.

▼ **Minimización de datos**: recoger únicamente los datos necesarios.

▼ **Exactitud**: mantener los datos actualizados.

▼ **Limitación de conservación**: no almacenar datos más tiempo del necesario.

▼ **Integridad y confidencialidad**: proteger los datos frente a accesos no autorizados.

Medidas de protección

- Control de accesos a la información.
- Cifrado de datos.
- Autenticación fuerte (MFA).
- Registro de accesos (logs).

Responsabilidades de las organizaciones

- Garantizar la seguridad de los datos.
- Informar a los usuarios sobre el tratamiento de sus datos.
- Implementar políticas de protección de datos.
- Notificar incidentes de seguridad cuando sea necesario.

Importancia

La protección de datos permite:

- Salvaguardar la privacidad de los usuarios.
- Cumplir con la normativa vigente.
- Evitar sanciones legales.

7.3.1.2 AUDITORÍA Y TRAZABILIDAD

La auditoría y la trazabilidad son elementos clave para garantizar el control y la supervisión de los accesos y actividades dentro de los sistemas.

Auditoría

La auditoría consiste en la revisión sistemática de los sistemas y procesos para verificar el cumplimiento de las políticas de seguridad y la normativa vigente.

Objetivos:

- Evaluar el cumplimiento normativo.
- Detectar vulnerabilidades.
- Verificar el uso adecuado de los sistemas.

Trazabilidad

La trazabilidad permite seguir el rastro de las acciones realizadas en un sistema, identificando:

- Quién accede.
- Qué acciones realiza.
- Cuándo se producen.

Se basa en el uso de logs y registros.

Elementos clave

- Registro de accesos.
- Registro de modificaciones.
- Identificación de usuarios.
- Registro temporal de eventos.

Beneficios

- Detección de accesos indebidos.
- Investigación de incidentes.
- Evidencia en auditorías.
- Mejora de la seguridad.

Requisitos de auditoría y trazabilidad

- Registro completo de eventos relevantes.
- Protección de los logs frente a manipulación.
- Conservación de registros durante el tiempo requerido.
- Acceso controlado a la información.

Importancia en entornos empresariales

La auditoría y la trazabilidad permiten:

- Garantizar la transparencia.
- Cumplir con la normativa.
- Detectar incidentes de seguridad.
- Mejorar el control de accesos.

La seguridad y el cumplimiento, junto con la protección de datos y la auditoría, constituyen la base para una gestión responsable y segura de las identidades y accesos, asegurando que los sistemas de información operen de forma fiable, legal y alineada con las exigencias actuales.

7.4 ACTIVIDADES

Actividad práctica 1. Identificación de elementos de la gestión de accesos

Objetivo: distinguir los conceptos básicos que intervienen en el control de accesos dentro de una organización.

Enunciado: una empresa quiere revisar su sistema de acceso a los recursos internos. Para ello, analiza los siguientes elementos:

- Usuario corporativo con cuenta personal.
- Contraseña y código de verificación por móvil.
- Permisos de lectura sobre documentos compartidos.
- Registro de accesos al sistema.

Tareas:

1. Relaciona cada elemento con uno de estos conceptos:
   - Identidad,
   - Autenticación,
   - Autorización,
   - Auditoría.

2. Explica con tus palabras la diferencia entre autenticación y autorización.

3. Indica por qué la auditoría de accesos es importante desde el punto de vista de la seguridad.

4. Explica cómo se aplican en este caso los principios de mínimo privilegio y segregación de funciones.

Actividad práctica 2. Comparación de modelos de control de acceso

Objetivo: analizar los distintos modelos de control y valorar su adecuación según el entorno.

Enunciado: una organización estudia qué modelo de control de acceso utilizar en diferentes escenarios:

a) Un sistema sencillo donde cada usuario comparte archivos y decide quién puede verlos.

b) Un entorno militar con información clasificada por niveles.

c) Una empresa donde los permisos dependen del puesto de trabajo.

d) Una plataforma cloud donde el acceso depende del rol, la ubicación y el horario.

Tareas:

1. Asocia cada escenario con el modelo más adecuado:
   - DAC,
   - MAC,
   - RBAC,
   - ABAC.

2. Justifica cada elección.

3. Explica una ventaja y una desventaja de cada modelo.

4. Indica cuál de estos modelos consideras más adecuado para una empresa mediana y por qué.

Actividad práctica 3. Diseño básico de roles y permisos con RBAC

Objetivo: aplicar el modelo RBAC a una situación organizativa real.

Enunciado: una empresa dispone de tres perfiles principales:

- Administrador de sistemas.
- Personal de recursos humanos.
- Empleado general.

Los recursos a controlar son los siguientes:

▶ Servidores corporativos.

▶ Base de datos de personal.

▶ Carpeta compartida de documentos internos.

▶ Aplicación de nóminas.

▶ Correo corporativo.

Tareas:

1. Define qué permisos debería tener cada rol sobre cada recurso.

2. Establece al menos tres reglas que respeten el principio de mínimo privilegio.

3. Indica qué riesgos surgirían si todos los usuarios tuvieran acceso completo a todos los recursos.

4. Explica qué ventajas ofrece RBAC frente a una asignación directa e individual de permisos.

Actividad práctica 4. Análisis de sistemas IAM y autenticación moderna

Objetivo: comprender la utilidad de los sistemas IAM y de mecanismos como SSO y MFA.

Enunciado: una empresa utiliza Active Directory para gestionar usuarios internos y quiere implantar autenticación moderna para acceder a varias aplicaciones corporativas y servicios cloud.

Tareas:

1. Explica cuál es la función de un sistema IAM dentro de la organización.

2. Indica qué papel desempeñan Active Directory y LDAP en la gestión de identidades.

3. Explica qué es el SSO y qué ventajas aporta a los usuarios y a la administración.

4. Explica qué es la MFA y por qué mejora la seguridad.

5. Indica por qué puede ser recomendable combinar SSO y MFA en un mismo entorno.

Actividad práctica 5. Cumplimiento normativo, auditoría y trazabilidad

Objetivo: relacionar la gestión de accesos con la protección de datos y las obligaciones de auditoría.

Enunciado:

Durante una revisión de seguridad se detectan las siguientes situaciones en una organización:

- Existen cuentas compartidas entre varios empleados.

- No se registran los accesos a aplicaciones sensibles.

- Los permisos de antiguos trabajadores no se revocan al causar baja.

- No se puede saber quién modificó determinados datos.

- Los usuarios tienen acceso a más información de la necesaria.

Tareas:

1. Identifica los principales incumplimientos o debilidades de seguridad presentes en esta situación.

2. Explica cómo afectan estos problemas a:
   - La protección de datos,
   - La trazabilidad,
   - La auditoría,
   - El cumplimiento normativo.

3. Propón una medida correctora para cada problema detectado.

4. Explica por qué el registro de accesos y acciones es esencial en una auditoría de seguridad.

5. Redacta una breve recomendación general para mejorar el control de accesos e identidades en la organización.

7.5 CUESTIONARIO

1. **¿Cuál es el objetivo principal del control de accesos?**
   a) Aumentar la velocidad del sistema.
   b) Permitir el acceso a todos los usuarios.
   c) Controlar quién accede a los recursos y con qué permisos.
   d) Gestionar bases de datos.

2. **¿Qué principio establece que un usuario debe tener solo los permisos necesarios para su función?**
   a) Alta disponibilidad.
   b) Mínimo privilegio.
   c) Redundancia.
   d) Escalabilidad.

3. **¿En qué modelo de control de accesos los permisos se asignan a roles?**
   a) DAC.
   b) MAC.
   c) RBAC.
   d) ABAC.

4. **¿Qué modelo de control de accesos se basa en atributos del usuario, recurso y contexto?**
   a) DAC.
   b) MAC.
   c) RBAC.
   d) ABAC.

5. **¿Qué es un sistema IAM?**
   a) Un sistema de almacenamiento.
   b) Un sistema de gestión de redes.
   c) Un sistema de gestión de identidades y accesos.
   d) Un sistema operativo.

6. **¿Cuál es la función principal de Active Directory?**
   a) Monitorizar redes.
   b) Gestionar usuarios y recursos en una red.
   c) Analizar logs.
   d) Crear copias de seguridad.

7. **¿Qué protocolo se utiliza para acceder a servicios de directorio?**
   a) HTTP.
   b) FTP.
   c) LDAP.
   d) SMTP.

8. **¿Qué permite el SSO (Single Sign-On)?**
   a) Acceder a un único sistema.
   b) Acceder a múltiples sistemas con una sola autenticación.
   c) Cifrar datos.
   d) Monitorizar usuarios.

9. **¿Cuál es el objetivo de la autenticación multifactor (MFA)?**
   a) Reducir el uso de contraseñas.
   b) Mejorar el rendimiento del sistema.
   c) Aumentar la seguridad mediante múltiples factores de verificación.
   d) Simplificar la red.

10. **¿Qué permite la trazabilidad en los sistemas?**
   a) Aumentar la velocidad de acceso.
   b) Registrar y seguir las acciones de los usuarios.
   c) Reducir el almacenamiento.
   d) Eliminar logs automáticamente.

RESPUESTAS

1. c

2. b

3. c

4. d

5. c

6. b

7. c

8. b

9. c

10. b

8

GESTIÓN DE INCIDENTES Y RESPUESTA A INCIDENTES DE SEGURIDAD

La gestión de incidentes constituye un proceso fundamental dentro de la administración de sistemas y la ciberseguridad, cuyo objetivo es detectar, analizar y resolver eventos que afectan al funcionamiento normal de los sistemas o comprometen la seguridad de la información.

En entornos tecnológicos actuales, caracterizados por la complejidad de las infraestructuras y la exposición constante a amenazas, resulta imprescindible disponer de procedimientos estructurados que permitan actuar de forma rápida, eficiente y controlada ante cualquier incidente.

La gestión de incidentes permite:

- Minimizar el impacto en el negocio.
- Restaurar los servicios en el menor tiempo posible.
- Proteger la información y los activos digitales.
- Mejorar continuamente los sistemas y procesos.

8.1 GESTIÓN DE INCIDENTES

La gestión de incidentes es el conjunto de procedimientos y prácticas destinadas a identificar, registrar, analizar y resolver incidentes que afectan a los sistemas de información.

Objetivos principales

- Detectar incidentes de forma temprana.
- Reducir el tiempo de resolución (MTTR).
- Garantizar la continuidad del servicio.
- Documentar y analizar los incidentes para prevenir su repetición.

Elementos clave

- Sistemas de monitorización.
- Herramientas de logging y SIEM.
- Equipos de respuesta (SOC, administradores).
- Procedimientos definidos.

8.1.1 Concepto y clasificación

Un incidente es cualquier evento no planificado que afecta negativamente al funcionamiento de un sistema, servicio o proceso, o que supone una amenaza para la seguridad de la información.

Características de un incidente

- Interrumpe o degrada el servicio.
- Puede comprometer la seguridad.
- Requiere una respuesta inmediata o planificada.

8.1.1.1 TIPOS DE INCIDENTES (SEGURIDAD, RENDIMIENTO, DISPONIBILIDAD)

Los incidentes pueden clasificarse en función de su naturaleza y del impacto que generan en los sistemas.

Incidentes de seguridad

Son aquellos que comprometen la confidencialidad, integridad o disponibilidad de la información.

Ejemplos:

▸ Accesos no autorizados.

▸ Ataques informáticos (malware, ransomware).

▸ Fugas de información.

Características:

▸ Alto impacto potencial.

▸ Requieren respuesta inmediata.

Incidentes de rendimiento

Se producen cuando el sistema no funciona con la eficiencia esperada.

Ejemplos:

- Lentitud en aplicaciones.
- Saturación de CPU o memoria.
- Cuellos de botella en la red.

Características:

- Afectan a la experiencia del usuario.
- Pueden derivar en fallos mayores si no se corrigen.

Incidentes de disponibilidad

Se refieren a la interrupción total o parcial de un servicio.

Ejemplos:

- Caída de servidores.
- Fallos de red.
- Interrupción de servicios críticos.

Características:

- Impacto directo en el negocio.
- Requieren restauración urgente.

8.1.1.2 IMPACTO Y CRITICIDAD

El impacto y la criticidad de un incidente determinan la prioridad con la que debe ser tratado y los recursos que deben asignarse para su resolución.

Impacto

El impacto mide el grado en que el incidente afecta a la organización.

Factores:

- Número de usuarios afectados.
- Servicios afectados.
- Consecuencias económicas.
- Daño reputacional.

Criticidad

La criticidad combina el impacto con la urgencia del incidente.

Se suele clasificar en niveles:

- **Crítico**: afecta a servicios esenciales, requiere intervención inmediata.
- **Alto**: impacto significativo, resolución urgente.
- **Medio**: impacto moderado, resolución planificada.
- **Bajo**: impacto limitado, puede resolverse sin urgencia.

Matriz de prioridad

La prioridad de un incidente se determina combinando:

- Impacto.
- Urgencia.

Esto permite:

- Asignar recursos de forma eficiente.
- Establecer tiempos de respuesta.
- Organizar la gestión de incidentes.

Importancia de la clasificación

Una correcta clasificación permite:

- Actuar de forma rápida y eficaz.
- Reducir el impacto en el negocio.
- Optimizar los recursos disponibles.
- Mejorar la gestión global de incidentes.

8.1.2 Ciclo de vida del incidente

El ciclo de vida del incidente describe las fases que sigue un incidente desde su detección hasta su resolución completa y la recuperación del sistema. Este enfoque estructurado permite gestionar los incidentes de forma ordenada, eficiente y controlada, reduciendo su impacto y mejorando la capacidad de respuesta de la organización.

Un ciclo de vida bien definido permite:

- Estandarizar la gestión de incidentes.
- Reducir los tiempos de respuesta.
- Mejorar la coordinación entre equipos.
- Facilitar la mejora continua.

Las fases principales del ciclo de vida del incidente son: detección, análisis, resolución y recuperación.

8.1.2.1 DETECCIÓN

La detección es la fase inicial del ciclo de vida y consiste en identificar la existencia de un incidente.

Fuentes de detección

- Sistemas de monitorización.
- Herramientas de logging y SIEM.
- Alertas automáticas.
- Usuarios o personal técnico.

Tipos de detección

- **Automática**: mediante herramientas que generan alertas.
- **Manual**: mediante observación o notificación de usuarios.

Objetivos de la detección

- Identificar el incidente lo antes posible.
- Activar los mecanismos de respuesta.
- Registrar el evento para su seguimiento.

Importancia

Una detección temprana permite:

- Reducir el impacto del incidente.
- Evitar su propagación.
- Actuar de forma proactiva.

8.1.2.2 ANÁLISIS

El análisis consiste en estudiar el incidente para comprender su naturaleza, causas y alcance.

Objetivos

- Determinar la causa raíz.
- Identificar los sistemas afectados.
- Evaluar el impacto.
- Clasificar el incidente.

Actividades principales

- Revisión de logs y eventos.
- Análisis de métricas.
- Correlación de información.
- Identificación de patrones o anomalías.

Resultados del análisis

- Tipo de incidente.
- Nivel de criticidad.
- Prioridad de actuación.

Importancia

Un análisis adecuado permite:

- Tomar decisiones correctas.
- Evitar errores en la resolución.
- Optimizar el uso de recursos.

8.1.2.3 RESOLUCIÓN

La resolución es la fase en la que se aplican las acciones necesarias para eliminar el incidente y restaurar el funcionamiento normal del sistema.

Objetivos

- Corregir la causa del incidente.
- Restaurar el servicio afectado.
- Minimizar el impacto en el negocio.

Tipos de acciones

- Aplicación de parches o actualizaciones.
- Reconfiguración de sistemas.
- Eliminación de amenazas (malware, accesos indebidos).
- Reinicio de servicios o sistemas.

Estrategias

- Resolución inmediata.
- Aplicación de soluciones temporales (workarounds).
- Escalado a equipos especializados.

Importancia

Una resolución eficaz permite:

- Reducir el tiempo de inactividad.
- Garantizar la continuidad del servicio.
- Evitar la repetición del incidente.

8.1.2.4 RECUPERACIÓN

La recuperación es la fase final del ciclo de vida y consiste en restaurar completamente el sistema y verificar su correcto funcionamiento.

Objetivos

- Asegurar que el sistema vuelve a su estado normal.
- Verificar la eliminación del incidente.
- Garantizar la estabilidad del sistema.

Actividades principales

- Restauración de datos (si es necesario).
- Verificación de sistemas y servicios.
- Monitorización posterior al incidente.
- Validación por parte de usuarios o responsables.

Acciones posteriores

- Documentación del incidente.
- Análisis de lecciones aprendidas.
- Mejora de procedimientos.

Importancia

La recuperación permite:

- Garantizar la continuidad del negocio.
- Evitar recaídas del incidente.
- Mejorar la resiliencia del sistema.

8.1.2.5 IMPORTANCIA DEL CICLO DE VIDA

La correcta aplicación del ciclo de vida del incidente permite:

- Gestionar incidentes de forma estructurada.
- Reducir riesgos y tiempos de respuesta.
- Mejorar la eficiencia operativa.
- Fortalecer la seguridad de los sistemas.

8.2 RESPUESTA A INCIDENTES DE SEGURIDAD

La respuesta a incidentes de seguridad es el conjunto de procedimientos, técnicas y acciones destinadas a gestionar eventos que comprometen la seguridad de los sistemas de información. A diferencia de la gestión general de incidentes, este tipo de respuesta se centra específicamente en amenazas como ataques informáticos, accesos no autorizados, fugas de información o malware.

El objetivo principal es:

- Contener el incidente lo antes posible.
- Minimizar el impacto sobre la organización.
- Proteger los activos y la información.
- Restaurar la normalidad de forma segura.

Una respuesta eficaz requiere planificación previa, coordinación entre equipos y el uso de herramientas adecuadas.

8.2.1 Plan de respuesta

El plan de respuesta a incidentes es un documento o conjunto de procedimientos que define cómo debe actuar la organización ante un incidente de seguridad. Establece las fases, responsabilidades, recursos y acciones necesarias para gestionar de forma eficaz cualquier incidente.

Objetivos del plan

- Establecer un protocolo de actuación claro.
- Reducir el tiempo de respuesta.
- Coordinar a los equipos implicados.
- Garantizar una respuesta organizada y eficiente.

Elementos del plan

- Definición de tipos de incidentes.
- Roles y responsabilidades.
- Procedimientos de actuación.
- Herramientas y recursos disponibles.
- Canales de comunicación.

Equipos implicados

- Equipo de seguridad (SOC).
- Administradores de sistemas.
- Responsables de TI.
- Dirección (en incidentes críticos).

Importancia

Un plan de respuesta bien definido permite:

- Actuar con rapidez.
- Evitar improvisaciones.
- Minimizar daños.
- Mejorar la coordinación.

8.2.1.1 PREPARACIÓN

La preparación es la fase previa a la aparición de incidentes y constituye uno de los elementos más importantes de la respuesta a incidentes de seguridad. Una organización bien preparada puede responder de forma más rápida, eficiente y controlada.

Objetivos de la preparación

- Anticiparse a posibles incidentes.
- Reducir riesgos.
- Garantizar la capacidad de respuesta.

8.2.1.2 ELEMENTOS CLAVE DE LA PREPARACIÓN

Definición de políticas y procedimientos

- Establecer normas de actuación.
- Definir protocolos claros.

Identificación de activos críticos

- Sistemas esenciales.
- Datos sensibles.
- Infraestructura clave.

Asignación de roles y responsabilidades

- Definir quién actúa en cada fase.
- Establecer equipos de respuesta.

Formación y concienciación

- Capacitación del personal.
- Simulacros de incidentes.
- Sensibilización en seguridad.

Herramientas y recursos

- Sistemas de monitorización.
- Herramientas SIEM.
- Sistemas de backup.

Planes de comunicación

- Canales internos.
- Notificación de incidentes.
- Gestión de crisis.

Evaluación y pruebas

- Simulaciones periódicas.
- Revisión de procedimientos.
- Actualización del plan.

Importancia de la preparación

Una adecuada preparación permite:

- Detectar incidentes con mayor rapidez.
- Reducir el impacto.
- Mejorar la eficacia de la respuesta.
- Garantizar la continuidad del negocio.

8.2.1.3 CONTENCIÓN

La contención es la fase del proceso de respuesta a incidentes en la que se aplican medidas inmediatas para limitar la propagación del incidente y evitar que cause mayores daños. Su objetivo principal es aislar el problema y proteger los sistemas no afectados.

Objetivos de la contención

- Evitar la expansión del incidente.
- Proteger los sistemas críticos.
- Minimizar el impacto en la organización.

Tipos de contención

Contención a corto plazo

- Actuaciones inmediatas para detener el incidente.
- Ejemplo: desconectar un equipo comprometido de la red.

Contención a largo plazo

- Medidas más estructuradas para mantener el control del incidente.
- Ejemplo: segmentación de red o refuerzo de controles de acceso.

Acciones habituales

- Aislamiento de sistemas afectados.
- Bloqueo de cuentas comprometidas.
- Filtrado de tráfico malicioso.
- Desactivación de servicios vulnerables.

Importancia

Una contención eficaz permite:

- Reducir el impacto del incidente.
- Evitar daños adicionales.
- Facilitar las fases posteriores de análisis y resolución.

8.2.1.4 ERRADICACIÓN

La erradicación consiste en eliminar completamente la causa del incidente y cualquier elemento que haya comprometido la seguridad del sistema.

Objetivos

- Eliminar la amenaza.
- Corregir vulnerabilidades.
- Garantizar que el incidente no vuelva a producirse.

Acciones principales

- Eliminación de malware o software malicioso.
- Eliminación de accesos no autorizados.
- Aplicación de parches de seguridad.
- Corrección de configuraciones vulnerables.

Análisis de causa raíz

Es fundamental identificar:

- Cómo se produjo el incidente.
- Qué vulnerabilidad fue explotada.
- Qué medidas evitarán su repetición.

Importancia

La erradicación permite:

- Restaurar la seguridad del sistema.
- Evitar reincidencias.
- Mejorar la protección futura.

8.2.1.5 RECUPERACIÓN

La recuperación es la fase en la que se restablece completamente el funcionamiento normal de los sistemas tras haber eliminado la amenaza.

Objetivos

- ▶ Restaurar servicios y sistemas afectados.
- ▶ Garantizar la estabilidad operativa.
- ▶ Verificar la ausencia de amenazas.

Acciones principales

- ▶ Restauración de sistemas desde copias de seguridad.
- ▶ Reintegración de sistemas a la red.
- ▶ Verificación del correcto funcionamiento.
- ▶ Monitorización intensiva tras el incidente.

Validación

Antes de dar por finalizado el proceso, es necesario:

- ▶ Confirmar que el sistema está libre de amenazas.
- ▶ Validar el funcionamiento correcto de los servicios.
- ▶ Asegurar que no existen vulnerabilidades activas.

Importancia

Una recuperación adecuada permite:

- ▶ Garantizar la continuidad del negocio.
- ▶ Evitar recaídas del incidente.
- ▶ Recuperar la confianza en los sistemas.

8.2.1.6 RELACIÓN ENTRE LAS FASES

Las fases de contención, erradicación y recuperación forman un proceso continuo:

- ▶ La **contención** limita el daño.
- ▶ La **erradicación** elimina la causa.
- ▶ La **recuperación** restablece la normalidad.

8.3 ANÁLISIS FORENSE BÁSICO

El análisis forense digital es el conjunto de técnicas y procedimientos destinados a identificar, recopilar, analizar y preservar evidencias digitales relacionadas con un incidente de seguridad. Su finalidad es reconstruir los hechos, determinar su origen y obtener información útil para la toma de decisiones, la mejora de la seguridad y, en su caso, la aportación de pruebas en procesos legales.

En el contexto de la gestión de incidentes, el análisis forense permite:

▼ Comprender cómo se ha producido el incidente.

▼ Identificar a los responsables o vectores de ataque.

▼ Determinar el alcance del impacto.

▼ Obtener evidencias fiables y verificables.

Principios fundamentales

▼ **Integridad**: las evidencias no deben ser alteradas.

▼ **Trazabilidad**: todas las acciones deben quedar registradas.

▼ **Reproducibilidad**: los resultados deben poder verificarse.

▼ **Legalidad**: el proceso debe ajustarse a la normativa vigente.

8.3.1 Uso de Logs y SIEM

Los logs y los sistemas SIEM (Security Information and Event Management) constituyen herramientas esenciales en el análisis forense, ya que permiten recopilar, centralizar y analizar eventos de múltiples fuentes.

Función de los logs

Los logs registran información sobre:

- Accesos a sistemas.

- Actividades de usuarios.

- Errores y eventos del sistema.

- Cambios en configuraciones.

Función de los SIEM

Los sistemas SIEM permiten:

- Centralizar logs de distintos sistemas.

- Correlacionar eventos.

- Detectar patrones de comportamiento anómalo.

- Generar alertas de seguridad.

Ventajas del uso conjunto

- Visión global del sistema.

- Detección rápida de incidentes.

- Análisis más eficiente.

- Mejora de la capacidad de respuesta.

8.3.1.1 INVESTIGACIÓN DE INCIDENTES

La investigación de incidentes consiste en analizar la información disponible para reconstruir lo ocurrido y determinar la causa del incidente.

Fases de la investigación

- **Recopilación de información**: obtención de logs, registros y evidencias.

- **Análisis de datos**: identificación de patrones, anomalías y eventos relevantes.

- **Correlación de eventos**: relación entre distintos registros.

- **Reconstrucción de la secuencia**: determinación de la cronología del incidente.

Técnicas utilizadas

- Análisis de logs.

- Correlación de eventos en SIEM.

- Revisión de accesos y autenticaciones.

- Identificación de comportamientos anómalos.

Objetivos

- Determinar el origen del incidente.

- Identificar los sistemas afectados.

- Evaluar el impacto.

- Establecer medidas correctivas.

Importancia

Una investigación adecuada permite:

- Evitar la repetición del incidente.

- Mejorar los sistemas de seguridad.

- Obtener información clave para la toma de decisiones.

8.3.1.2 EVIDENCIAS DIGITALES

Las evidencias digitales son los datos que permiten demostrar la existencia de un incidente y reconstruir lo ocurrido.

Tipos de evidencias

- Registros de logs.
- Archivos del sistema.
- Capturas de red.
- Registros de acceso.

Características de las evidencias

- Deben ser auténticas.
- Deben ser íntegras.
- Deben ser verificables.

Cadena de custodia

La cadena de custodia es el proceso que garantiza que las evidencias:

- No han sido alteradas.
- Han sido gestionadas correctamente.
- Pueden ser utilizadas como prueba.

Incluye:

- Registro de quién accede a la evidencia.
- Documentación de cada acción realizada.
- Almacenamiento seguro.

Buenas prácticas

- Evitar modificar los datos originales.
- Trabajar con copias de las evidencias.
- Documentar todas las acciones.
- Utilizar herramientas especializadas.

Importancia

La correcta gestión de evidencias digitales permite:

- Garantizar la validez del análisis forense.
- Apoyar procesos legales.
- Mejorar la seguridad de los sistemas.

8.4 MEJORA CONTINUA Y LECCIONES APRENDIDAS

La mejora continua es una fase fundamental dentro de la gestión de incidentes de seguridad, ya que permite transformar cada incidente en una oportunidad de aprendizaje y fortalecimiento de los sistemas. Una vez resuelto el incidente, es imprescindible analizar lo ocurrido para identificar debilidades, mejorar los procesos y prevenir futuros incidentes.

Este enfoque se basa en la idea de que la seguridad no es un estado estático, sino un proceso dinámico que requiere revisión constante.

Objetivos de la mejora continua

- Identificar fallos en los procesos.
- Corregir vulnerabilidades detectadas.
- Optimizar los procedimientos de respuesta.
- Aumentar la resiliencia de los sistemas.

Importancia

La mejora continua permite:

- Reducir la probabilidad de incidentes futuros.
- Mejorar la capacidad de respuesta.
- Incrementar la seguridad global.
- Garantizar la evolución del sistema de gestión de incidentes.

8.4.1 Revisión post-incidente

La revisión post-incidente es el proceso de análisis que se realiza una vez finalizada la gestión del incidente. Su finalidad es evaluar cómo se ha gestionado el incidente y qué mejoras pueden aplicarse.

Objetivos

- Analizar las causas del incidente.
- Evaluar la eficacia de la respuesta.
- Identificar áreas de mejora.
- Documentar las lecciones aprendidas.

Aspectos a evaluar

- Tiempo de detección.
- Tiempo de respuesta.
- Eficacia de las medidas aplicadas.
- Coordinación entre equipos.
- Impacto final del incidente.

Metodología

- Reunión de revisión con los equipos implicados.
- Análisis de logs y evidencias.
- Identificación de puntos débiles.
- Propuesta de mejoras.

Importancia

La revisión post-incidente permite:

- Detectar deficiencias en los procesos.
- Mejorar la gestión de futuros incidentes.
- Fortalecer la seguridad de la organización.

8.4.1.1 DOCUMENTACIÓN

La documentación es un elemento clave en la gestión de incidentes, ya que permite registrar de forma detallada toda la información relacionada con el incidente y su resolución.

Contenido de la documentación

- Descripción del incidente.
- Fecha y hora de detección.
- Sistemas afectados.
- Acciones realizadas.
- Resultado de la resolución.
- Impacto del incidente.

Objetivos

- Mantener un registro histórico.
- Facilitar auditorías.
- Permitir análisis posteriores.
- Compartir conocimiento dentro de la organización.

Buenas prácticas

- Documentar en tiempo real o lo antes posible.
- Utilizar formatos estandarizados.
- Incluir información clara y precisa.
- Proteger la confidencialidad de los datos.

Importancia

Una buena documentación permite:

- Mejorar la trazabilidad.
- Facilitar la investigación de incidentes.
- Servir como base para la mejora continua.

8.4.1.2 MEJORA DE PROCESOS

La mejora de procesos consiste en aplicar cambios y optimizaciones basados en las lecciones aprendidas durante la gestión del incidente.

Objetivos

▶ Corregir deficiencias detectadas.

▶ Optimizar los procedimientos existentes.

▶ Incrementar la eficacia de la respuesta.

Acciones de mejora

▶ Actualización de protocolos de seguridad.

▶ Refuerzo de controles de acceso.

▶ Mejora de sistemas de monitorización.

▶ Implementación de nuevas herramientas.

Formación y concienciación

▶ Capacitación del personal.

▶ Simulacros de incidentes.

▶ Actualización de conocimientos.

Evaluación continua

▶ Revisión periódica de procesos.

▶ Adaptación a nuevas amenazas.

▶ Mejora continua del sistema de seguridad.

Importancia

La mejora de procesos permite:

▶ Aumentar la eficiencia operativa.

▶ Reducir riesgos.

▶ Fortalecer la seguridad de los sistemas.

▶ Garantizar la adaptación a un entorno cambiante.

8.5 ACTIVIDADES

Actividad práctica 1. Identificación y clasificación de incidentes

Objetivo: distinguir los distintos tipos de incidentes y valorar su impacto sobre la organización.

Enunciado: una organización detecta las siguientes situaciones:

▸ Un servidor web deja de responder durante una hora.

▸ Varios usuarios informan de gran lentitud al acceder a una aplicación corporativa.

▸ Se detecta un acceso no autorizado a una cuenta administrativa.

▸ Un enlace de red entre dos sedes presenta pérdida de paquetes.

▸ Un empleado recibe un archivo malicioso por correo electrónico.

Tareas:

1. Clasifica cada situación como incidente de:
   - Seguridad,
   - Rendimiento,
   - Disponibilidad.

2. Explica por qué has asignado cada categoría.

3. Indica qué incidentes considerarías más críticos y por qué.

4. Señala qué factores tendrías en cuenta para valorar su impacto sobre el negocio.

Actividad práctica 2. Análisis del ciclo de vida de un incidente

Objetivo: comprender las fases del ciclo de vida de un incidente y relacionarlas con actuaciones concretas.

Enunciado: una empresa sufre una caída parcial de su sistema de correo corporativo. El incidente se detecta a través de alertas automáticas y de llamadas de varios usuarios. Tras revisarlo, el equipo técnico identifica un fallo en un servicio del servidor y aplica una corrección. Finalmente, el servicio se restablece y se verifica su funcionamiento.

Tareas:

1. Identifica en este caso las fases de:

   - Detección,
   - Análisis,
   - Resolución,
   - Recuperación.

2. Explica qué acciones corresponden a cada fase.

3. Indica qué información debería registrarse durante el proceso.

4. Explica por qué es importante seguir una secuencia estructurada en la gestión del incidente.

Actividad práctica 3. Diseño básico de un plan de respuesta a incidentes de seguridad

Objetivo: aplicar los conceptos de preparación, contención, erradicación y recuperación a un caso real.

Enunciado: una organización quiere definir un plan básico para responder a incidentes de seguridad, especialmente ante infecciones por malware, accesos no autorizados y filtraciones de información.

Tareas:

1. Elabora un esquema básico del plan de respuesta incluyendo las fases de:

   - Preparación,
   - Contención,
   - Erradicación,
   - Recuperación.

2. Indica qué equipos o perfiles deberían intervenir en cada fase.

3. Propón al menos dos medidas concretas para cada fase.

4. Explica por qué la preparación previa es esencial para responder adecuadamente ante un incidente grave.

Actividad práctica 4. Investigación forense básica a partir de logs y evidencias

Objetivo: comprender cómo se utilizan los registros y las evidencias digitales en la investigación de incidentes.

Enunciado: tras un acceso sospechoso a un sistema interno, el equipo de seguridad dispone de la siguiente información:

- Logs de autenticación con varios intentos fallidos previos.

- Registro de acceso correcto desde una dirección IP desconocida.

- Cambios de configuración realizados tras el acceso.

- Alertas del SIEM relacionadas con comportamiento anómalo.

Tareas:

1. Explica qué información relevante puede extraerse de los logs y del SIEM.

2. Indica qué pasos seguirías para investigar el incidente.

3. Señala qué elementos podrían considerarse evidencias digitales.

4. Explica por qué es importante preservar la integridad de dichas evidencias.

5. Resume qué papel desempeña la cadena de custodia en este tipo de análisis.

Actividad práctica 5. Revisión post-incidente y mejora continua

Objetivo: identificar lecciones aprendidas y proponer mejoras tras la resolución de un incidente.

Enunciado: una empresa ha sufrido un incidente de ransomware que afectó a varios equipos de usuario. El incidente fue contenido, se restauraron datos desde copias de seguridad y se recuperó la operativa, pero se detectaron debilidades en la detección inicial, en la formación del personal y en la segmentación de la red.

Tareas:

1. Indica qué aspectos deberían revisarse en la fase post-incidente.

2. Explica qué información debería incluirse en la documentación final del incidente.

3. Propón al menos cinco medidas de mejora para evitar que vuelva a ocurrir un caso similar.

4. Explica por qué la revisión post-incidente no debe limitarse a cerrar el problema, sino a mejorar procesos y controles.

5. Redacta una breve conclusión sobre la importancia de las lecciones aprendidas en la gestión de incidentes.

8.6 CUESTIONARIO

1. ¿Qué es un incidente en el contexto de sistemas de información?
   a) Un proceso planificado.
   b) Un evento que mejora el rendimiento.
   c) Un evento no planificado que afecta negativamente al sistema.
   d) Un tipo de software.

2. ¿Cuál es el objetivo principal de la gestión de incidentes?
   a) Aumentar el almacenamiento.
   b) Minimizar el impacto y restaurar el servicio.
   c) Eliminar usuarios.
   d) Reducir el uso de CPU.

3. ¿Qué tipo de incidente afecta a la confidencialidad, integridad o disponibilidad de la información?
   a) Incidente de rendimiento.
   b) Incidente de disponibilidad.
   c) Incidente de seguridad.
   d) Incidente operativo.

4. ¿Qué fase del ciclo de vida del incidente consiste en identificar el problema?

a) Resolución.

b) Recuperación.

c) Detección.

d) Erradicación.

5. ¿En qué fase se determina la causa raíz del incidente?

a) Detección.

b) Análisis.

c) Recuperación.

d) Contención.

6. ¿Qué acción es propia de la fase de contención?

a) Restaurar copias de seguridad.

b) Eliminar malware.

c) Aislar sistemas afectados.

d) Documentar el incidente.

7. ¿Cuál es el objetivo de la fase de erradicación?

a) Detectar el incidente.

b) Eliminar la causa del incidente.

c) Restaurar el sistema.

d) Registrar logs.

8. ¿Qué herramienta es clave en el análisis forense de incidentes?

a) Sistema operativo.

b) Antivirus doméstico.

c) Logs y sistemas SIEM.

d) Navegador web.

9. ¿Qué garantiza la cadena de custodia en evidencias digitales?

a) El acceso rápido a los datos.

b) La integridad y validez de las evidencias.

c) La reducción del almacenamiento.

d) La automatización del sistema.

10.¿**Cuál es el objetivo de la revisión post-incidente?**

a) Eliminar logs antiguos.

b) Mejorar procesos y aprender del incidente.

c) Aumentar la velocidad de red.

d) Crear nuevos usuarios.

RESPUESTAS

1. c

2. b

3. c

4. c

5. b

6. c

7. b

8. c

9. b

10. b

9

GOBIERNO DE LA SEGURIDAD Y GESTIÓN DEL RIESGO

El gobierno de la seguridad de la información comprende el conjunto de principios, políticas, procedimientos y estructuras organizativas que permiten dirigir y controlar la seguridad dentro de una organización. Su finalidad es garantizar que la seguridad esté alineada con los objetivos estratégicos del negocio, gestionando adecuadamente los riesgos y asegurando el cumplimiento normativo.

En este contexto, la gestión del riesgo se convierte en un elemento central, ya que permite identificar, analizar y tratar las amenazas que pueden afectar a los sistemas de información y a los activos digitales de la organización.

Un adecuado gobierno de la seguridad implica:

- ► Definir responsabilidades claras en materia de seguridad.
- ► Establecer políticas y procedimientos alineados con la normativa.
- ► Implementar controles de seguridad adecuados.
- ► Evaluar continuamente los riesgos y su evolución.

9.1 GESTIÓN DE RIESGOS

La gestión de riesgos es el proceso sistemático mediante el cual una organización identifica, evalúa y trata los riesgos que pueden afectar a la seguridad de sus sistemas de información. Su objetivo principal es reducir la probabilidad de que se produzcan incidentes y minimizar su impacto en caso de que ocurran.

Este proceso es fundamental en cualquier sistema de gestión de seguridad, ya que permite tomar decisiones informadas sobre qué medidas implementar y cómo priorizar los recursos disponibles.

Concepto de riesgo

El riesgo puede definirse como la combinación de la probabilidad de que ocurra una amenaza y el impacto que esta tendría sobre los activos de la organización.

Se expresa habitualmente como:

$$\textbf{Riesgo} = \textbf{Probabilidad} \times \textbf{Impacto}$$

Nivel de riesgo	Probabilidad	Impacto	Resultado
Bajo	Baja	Bajo	⬤ Controlado
Medio	Media	Medio	⬤ Moderado
Alto	Alta	Alto	⬤ Crítico

Elementos del riesgo

Para comprender la gestión de riesgos, es necesario identificar sus elementos principales:

- **Activo**: recurso que tiene valor para la organización (datos, sistemas, infraestructura).

- **Amenaza**: evento potencial que puede causar daño.

- **Vulnerabilidad**: debilidad que puede ser explotada por una amenaza.

- **Impacto**: consecuencia negativa sobre el negocio.

- **Probabilidad**: posibilidad de que la amenaza se materialice.

Objetivos de la gestión de riesgos

- Identificar riesgos relevantes.
- Evaluar su impacto y probabilidad.
- Priorizar riesgos en función de su criticidad.
- Definir medidas de mitigación.
- Reducir la exposición al riesgo.

Importancia en la organización

La gestión de riesgos permite:

- Proteger los activos críticos.
- Garantizar la continuidad del negocio.
- Cumplir con normativas de seguridad.
- Reducir pérdidas económicas y reputacionales.

Relación con la seguridad de la información

La gestión de riesgos es la base sobre la que se construyen las políticas y controles de seguridad. Sin un análisis adecuado del riesgo, las medidas de seguridad pueden resultar ineficaces o desproporcionadas.

Enfoque basado en riesgo

Las organizaciones modernas adoptan un enfoque basado en riesgo, que implica:

- Evaluar continuamente las amenazas.
- Adaptar las medidas de seguridad.
- Priorizar recursos en función del nivel de riesgo.

9.1.1 Identificación de riesgos

La identificación de riesgos es la primera fase del proceso de gestión de riesgos y consiste en detectar y describir los posibles eventos que pueden afectar negativamente a los sistemas de información y a los activos de la organización.

El objetivo de esta fase es obtener una visión completa de las amenazas y vulnerabilidades existentes, así como de los activos que podrían verse comprometidos.

Identificación de activos

El primer paso consiste en identificar los activos que deben protegerse:

- Datos (información sensible, bases de datos).
- Sistemas (servidores, aplicaciones).
- Infraestructura (redes, dispositivos).
- Recursos humanos.

Identificación de amenazas

Las amenazas son eventos que pueden causar daño:

- Ataques informáticos (malware, phishing, ransomware).
- Errores humanos.
- Fallos técnicos.
- Desastres naturales.

Identificación de vulnerabilidades

Las vulnerabilidades son debilidades que pueden ser explotadas:

- Sistemas desactualizados.
- Configuraciones incorrectas.
- Falta de controles de acceso.
- Ausencia de cifrado.

Técnicas de identificación

- Análisis de inventarios de activos.
- Auditorías de seguridad.
- Análisis de logs y eventos.
- Entrevistas con personal técnico.

Resultado de la fase

El resultado es un listado estructurado de riesgos potenciales, que servirá como base para su análisis posterior.

9.1.2 Análisis y evaluación

Una vez identificados los riesgos, se procede a su análisis y evaluación, con el fin de determinar su importancia y priorizar su tratamiento.

Análisis del riesgo

El análisis consiste en estimar:

- La probabilidad de que ocurra el riesgo.
- El impacto que tendría sobre la organización.

Este análisis puede ser:

- **Cualitativo**: basado en niveles (alto, medio, bajo).
- **Cuantitativo**: basado en valores numéricos.

Evaluación del riesgo

La evaluación permite clasificar los riesgos en función de su criticidad, combinando probabilidad e impacto.

Ejemplo:

- Riesgo alto → alta probabilidad y alto impacto.
- Riesgo medio → combinación intermedia.
- Riesgo bajo → baja probabilidad o bajo impacto.

Herramientas utilizadas

- Matrices de riesgo.
- Cuadros de evaluación.
- Sistemas SIEM (para análisis de eventos).

Priorización

Los riesgos se ordenan para determinar:

- Cuáles deben tratarse de forma inmediata.
- Cuáles pueden aceptarse o monitorizarse.

Importancia

Esta fase permite tomar decisiones fundamentadas y optimizar los recursos de seguridad.

9.1.3 Tratamiento del riesgo

El tratamiento del riesgo consiste en definir e implementar las medidas necesarias para gestionar los riesgos identificados y evaluados.

Estrategias de tratamiento

Existen cuatro estrategias principales:

▶ **Mitigar**: aplicar controles para reducir el riesgo.

▶ **Evitar**: eliminar la actividad que genera el riesgo.

▶ **Transferir**: trasladar el riesgo (por ejemplo, mediante seguros).

▶ **Aceptar**: asumir el riesgo cuando es bajo o controlado.

Implementación de controles

Los controles pueden ser:

▶ Técnicos (firewalls, cifrado, IDS/IPS).

▶ Organizativos (políticas, procedimientos).

▶ Físicos (control de accesos, seguridad en CPD).

Plan de tratamiento

Debe incluir:

▶ Riesgos identificados.

▶ Medidas a aplicar.

▶ Responsables.

▶ Plazos de ejecución.

Seguimiento y revisión

El tratamiento del riesgo requiere:

▶ Evaluación continua.

▶ Actualización de medidas.

▶ Adaptación a nuevas amenazas.

Importancia

El tratamiento del riesgo permite reducir la exposición a amenazas y garantizar la seguridad de los sistemas, siendo una fase clave para la protección de la organización.

Estas tres fases —identificación, análisis y tratamiento— forman el núcleo de la gestión de riesgos y permiten a las organizaciones adoptar un enfoque proactivo frente a las amenazas en entornos tecnológicos actuales.

9.2 POLÍTICAS DE SEGURIDAD

Las políticas de seguridad constituyen uno de los pilares fundamentales del gobierno de la seguridad de la información dentro de cualquier organización. A través de ellas se establecen las directrices, normas y procedimientos que regulan el uso de los sistemas, la protección de los datos y el comportamiento de los usuarios frente a los recursos tecnológicos.

Su función no se limita únicamente a definir normas, sino que actúan como un marco estratégico que orienta la gestión de la seguridad, garantizando la coherencia entre los objetivos del negocio, la normativa vigente y las medidas técnicas implantadas.

En un entorno tecnológico cada vez más complejo y expuesto a amenazas, las políticas de seguridad permiten reducir la incertidumbre, estandarizar comportamientos y establecer un modelo organizativo sólido que favorece la prevención de incidentes y la gestión eficaz de los riesgos.

9.2.1 Definición

Una política de seguridad es un documento formal, aprobado por la dirección de la organización, que establece los principios, normas y responsabilidades en materia de protección de la información y uso de los sistemas tecnológicos.

Se trata de un instrumento clave dentro del sistema de gestión de la seguridad, ya que define el "qué" y el "cómo" en relación con la protección de los activos de información.

Naturaleza de las políticas de seguridad

Las políticas de seguridad tienen un carácter:

- **Normativo**: establecen reglas de obligado cumplimiento.
- **Preventivo**: buscan evitar incidentes antes de que ocurran.
- **Organizativo**: asignan responsabilidades y roles.
- **Estratégico**: alinean la seguridad con los objetivos del negocio.

Principios en los que se basan

Las políticas de seguridad suelen fundamentarse en los principios clásicos de la seguridad de la información:

- **Confidencialidad**: garantizar que la información solo sea accesible a quienes están autorizados.
- **Integridad**: asegurar que los datos no han sido alterados de forma indebida.
- **Disponibilidad**: garantizar que la información y los sistemas estén accesibles cuando se necesiten.

A estos principios se añaden otros como la autenticidad, la trazabilidad o la no repudio.

Contenido detallado de una política de seguridad

Una política de seguridad bien estructurada suele incluir:

- Definición del alcance (qué sistemas, datos y usuarios están afectados).
- Normas de uso aceptable de los recursos tecnológicos.
- Políticas de control de acceso (autenticación, autorización, privilegios).
- Gestión de contraseñas y credenciales.
- Uso de dispositivos (equipos corporativos, móviles, BYOD).
- Normas de uso del correo electrónico e Internet.
- Protección de datos personales y cumplimiento normativo.
- Gestión de copias de seguridad y recuperación.
- Procedimientos de respuesta ante incidentes.

Tipos de políticas de seguridad

En función de su alcance y nivel de detalle, pueden distinguirse:

▸ **Política de seguridad global**: define los principios generales de la organización.

▸ **Políticas específicas**: regulan áreas concretas (redes, accesos, dispositivos, backup).

▸ **Políticas técnicas**: detallan configuraciones y requisitos operativos.

▸ **Normas y procedimientos**: desarrollan la política en acciones concretas.

Importancia estratégica

Las políticas de seguridad son esenciales porque:

▸ Proporcionan un marco claro de actuación.

▸ Reducen la ambigüedad en el uso de sistemas.

▸ Facilitan el cumplimiento de normativas como RGPD o ENS.

▸ Refuerzan la cultura de seguridad dentro de la organización.

9.2.2 Implementación

La implementación de las políticas de seguridad consiste en trasladar las normas definidas a la práctica diaria de la organización, asegurando que se aplican de forma efectiva y uniforme en todos los niveles.

Una política que no se implementa correctamente carece de valor, por lo que esta fase es crítica para garantizar la seguridad real de los sistemas.

Fases del proceso de implementación

1. **Definición y diseño**
   - Redacción de las políticas conforme a estándares y normativa.
   - Adaptación a las características de la organización.

2. **Aprobación**
   - Validación por parte de la dirección.
   - Asignación de responsabilidades.

3. **Comunicación**

- Difusión de las políticas a todos los empleados.
- Acceso fácil a la documentación.

4. **Implantación**

- Configuración de sistemas según las políticas.
- Aplicación de controles técnicos y organizativos.

5. **Supervisión y control**

- Verificación del cumplimiento.
- Identificación de desviaciones.

Medidas para una implementación efectiva

- **Formación del personal**: es imprescindible que los usuarios comprendan las normas y su importancia.

- **Concienciación en seguridad**: campañas internas, simulaciones de ataques, buenas prácticas.

- **Automatización de controles**: uso de herramientas que refuercen el cumplimiento (IAM, SIEM, MFA).

- **Integración en procesos**: las políticas deben formar parte del trabajo diario.

Control y seguimiento

Para garantizar la eficacia de las políticas, es necesario establecer mecanismos de control:

- Auditorías internas y externas.
- Monitorización de accesos y actividades.
- Revisión de logs y eventos.
- Evaluación de incidentes de seguridad.

Mejora continua

Las políticas de seguridad deben evolucionar con el tiempo, adaptándose a:

▶ Nuevas amenazas.

▶ Cambios tecnológicos.

▶ Actualizaciones normativas.

Esto implica:

▶ Revisiones periódicas.

▶ Actualización de procedimientos.

▶ Incorporación de nuevas medidas de seguridad.

Factores críticos de éxito

Para que la implementación sea eficaz, deben cumplirse ciertos factores:

▶ Compromiso de la alta dirección.

▶ Implicación de todos los empleados.

▶ Claridad y simplicidad en las normas.

▶ Adecuación al contexto de la organización.

Impacto en la organización

Una correcta implementación de políticas de seguridad permite:

▶ Reducir riesgos y vulnerabilidades.

▶ Mejorar la protección de los activos.

▶ Garantizar el cumplimiento legal.

▶ Incrementar la confianza en los sistemas.

9.3 MARCOS DE REFERENCIA

Los marcos de referencia en seguridad de la información son conjuntos de normas, estándares y buenas prácticas que proporcionan una guía estructurada para implantar, gestionar y mejorar la seguridad dentro de una organización. Su objetivo es ofrecer un modelo reconocido que permita garantizar la protección de los activos, la gestión adecuada de los riesgos y el cumplimiento de la normativa vigente.

Estos marcos permiten a las organizaciones:

▼ Establecer sistemas de gestión de seguridad coherentes.

▼ Aplicar controles basados en estándares reconocidos.

▼ Facilitar auditorías y certificaciones.

▼ Demostrar cumplimiento ante clientes y organismos reguladores.

Entre los marcos más relevantes destacan **ISO/IEC 27001** a nivel internacional y el **Esquema Nacional de Seguridad** en el ámbito español.

9.3.1 ISO 27001

La norma ISO 27001 es el estándar internacional más reconocido para la gestión de la seguridad de la información. Define los requisitos para implantar un Sistema de Gestión de Seguridad de la Información (SGSI), basado en un enfoque sistemático de gestión de riesgos.

Objetivo de la norma

El principal objetivo de ISO 27001 es garantizar la protección de la información mediante la aplicación de controles adecuados, basados en el análisis y tratamiento de riesgos.

Características principales

▼ Estándar internacional reconocido.

▼ Basado en la gestión de riesgos.

▼ Aplicable a cualquier tipo de organización.

▼ Certificable mediante auditorías externas.

Estructura del SGSI

El Sistema de Gestión de Seguridad de la Información se basa en el ciclo de mejora continua:

- Planificar (Plan).

- Hacer (Do).

- Verificar (Check).

- Actuar (Act).

Este enfoque permite adaptar continuamente la seguridad a las necesidades de la organización.

Controles de seguridad

ISO 27001 se apoya en un conjunto de controles recogidos en la norma ISO 27002, que incluyen:

- Control de accesos.

- Seguridad física.

- Gestión de incidentes.

- Protección de datos.

- Continuidad de negocio.

Proceso de implantación

La implantación de ISO 27001 implica:

- Identificación de activos y riesgos.

- Definición de políticas de seguridad.

- Selección de controles.

- Documentación de procesos.

- Auditorías internas y externas.

Ventajas

- Mejora la seguridad de la información.

- Facilita el cumplimiento normativo.

- Aumenta la confianza de clientes y socios.

- Permite obtener certificación internacional.

9.3.2 ENS (Esquema Nacional de Seguridad)

El Esquema Nacional de Seguridad (ENS) es el marco normativo español que establece los principios y requisitos necesarios para garantizar la seguridad de la información en el ámbito de las administraciones públicas y sus proveedores.

Objetivo del ENS

El ENS tiene como finalidad asegurar que los sistemas de información utilizados por el sector público cumplan con unos niveles adecuados de seguridad, garantizando la confidencialidad, integridad, disponibilidad, autenticidad y trazabilidad de la información.

Ámbito de aplicación

- Administraciones públicas.
- Organismos dependientes.
- Empresas que prestan servicios al sector público.

Principios básicos

El ENS se basa en una serie de principios fundamentales:

- Seguridad integral.
- Gestión de riesgos.
- Prevención, detección y respuesta.
- Proporcionalidad.
- Mejora continua.

Categorías de sistemas

El ENS clasifica los sistemas de información en función del impacto:

- Bajo.
- Medio.
- Alto.

Esta clasificación determina el nivel de medidas de seguridad a aplicar.

Medidas de seguridad

El ENS establece medidas organizativas, operativas y de protección, entre las que destacan:

- Control de accesos.
- Protección de comunicaciones.
- Gestión de incidentes.
- Auditoría y trazabilidad.
- Seguridad física.

Relación con ISO 27001

El ENS y ISO 27001 son complementarios:

- ISO 27001 aporta un enfoque internacional y certificable.
- ENS adapta la seguridad al contexto normativo español.

Muchas organizaciones implantan ambos marcos de forma conjunta para garantizar un alto nivel de seguridad y cumplimiento.

Ventajas del ENS

- Cumplimiento obligatorio en el sector público.
- Mejora la seguridad de los sistemas.
- Refuerza la confianza en servicios digitales.
- Facilita la interoperabilidad entre organismos.

En conjunto, los marcos de referencia como ISO 27001 y el ENS proporcionan una base sólida para la gestión de la seguridad de la información, permitiendo a las organizaciones adoptar un enfoque estructurado, eficaz y alineado con las exigencias actuales del entorno digital.

El papel del CCN en el nuevo ENS

El Real Decreto 311/2022, del nuevo ENS, asigna al Centro Criptológico Nacional las siguientes funciones.

Respuesta incidentes

CCN-CERT, coordinador a nivel público estatal de la respuesta técnica de los equipos de respuesta a incidentes de seguridad informática.

9.4 SEGURIDAD EN CLOUD

La adopción de servicios en la nube (cloud computing) ha transformado la forma en que las organizaciones gestionan sus sistemas de información, proporcionando escalabilidad, flexibilidad y reducción de costes. Sin embargo, este modelo también introduce nuevos desafíos en materia de seguridad, derivados de la externalización de infraestructuras y del acceso remoto a los recursos.

La seguridad en entornos cloud requiere un enfoque específico que tenga en cuenta la distribución de responsabilidades entre proveedor y cliente, así como la necesidad de aplicar controles adecuados sobre los accesos, los datos y los servicios.

Entre los principales riesgos asociados al cloud destacan:

▼ Accesos no autorizados.

▼ Pérdida o exposición de datos.

▼ Configuraciones incorrectas.

▼ Dependencia del proveedor.

Por ello, es fundamental comprender los modelos de responsabilidad y establecer mecanismos de control eficaces.

9.4.1 Modelos de responsabilidad

Uno de los aspectos más importantes en la seguridad en la nube es el modelo de responsabilidad compartida, que define qué elementos son responsabilidad del proveedor del servicio y cuáles corresponden al cliente.

Concepto de responsabilidad compartida

En los entornos cloud, la seguridad no recae exclusivamente en el proveedor ni en el cliente, sino que se distribuye entre ambos en función del tipo de servicio contratado.

Modelos de servicio cloud

La responsabilidad varía según el modelo:

IaaS (Infrastructure as a Service)

- El proveedor gestiona: infraestructura física, red, almacenamiento.

- El cliente gestiona: sistemas operativos, aplicaciones, datos.

PaaS (Platform as a Service)

- El proveedor gestiona: infraestructura y plataforma.

- El cliente gestiona: aplicaciones y datos.

SaaS (Software as a Service)

- El proveedor gestiona: todo el entorno (infraestructura, plataforma y aplicación).

- El cliente gestiona: acceso, uso y configuración de datos.

Distribución de responsabilidades

Elemento	Proveedor cloud	Cliente
Infraestructura física	✓	
Red y hardware	✓	
Sistema operativo	Dependiente	Dependiente
Aplicaciones	Dependiente	Dependiente
Datos		✓
Control de accesos		✓

Importancia

Comprender este modelo permite:

- Evitar errores de configuración.

- Asignar correctamente responsabilidades.

- Mejorar la seguridad global del sistema.

9.4.2 Control de accesos en cloud

El control de accesos en entornos cloud es uno de los aspectos más críticos de la seguridad, ya que los recursos están accesibles a través de Internet y pueden ser utilizados desde cualquier ubicación.

Objetivo

Garantizar que solo los usuarios autorizados puedan acceder a los recursos y realizar acciones dentro del sistema.

Principios básicos

- **Autenticación**: verificar la identidad del usuario.
- **Autorización**: determinar qué acciones puede realizar.
- **Principio de mínimo privilegio**: conceder solo los permisos necesarios.

Mecanismos de control de accesos

Gestión de identidades (IAM)

- Creación y gestión de usuarios.
- Definición de roles y permisos.
- Control centralizado de accesos.

Autenticación multifactor (MFA)

- Uso de múltiples factores de autenticación.
- Aumento de la seguridad frente a accesos no autorizados.

Single Sign-On (SSO)

- Acceso a múltiples servicios con una sola autenticación.
- Mejora de la experiencia del usuario.

Buenas prácticas

- Uso de contraseñas robustas.
- Activación de MFA en todos los accesos críticos.
- Revisión periódica de permisos.
- Eliminación de cuentas inactivas.
- Monitorización de accesos y actividad.

Riesgos comunes

- ▟ Configuración incorrecta de permisos.

- ▟ Uso de credenciales débiles.

- ▟ Exposición de claves o tokens.

- ▟ Falta de supervisión de accesos.

Importancia

Un adecuado control de accesos en cloud permite:

- ▟ Proteger la información sensible.

- ▟ Evitar accesos indebidos.

- ▟ Cumplir con normativas de seguridad.

- ▟ Reducir el riesgo de incidentes.

9.5 DEVSECOPS

DevSecOps es una evolución de los modelos tradicionales de desarrollo y operaciones (DevOps) que integra la seguridad como un elemento transversal desde las primeras fases del ciclo de vida del software. Su objetivo es incorporar la seguridad de forma continua y automatizada, evitando que sea un proceso aislado o posterior al desarrollo.

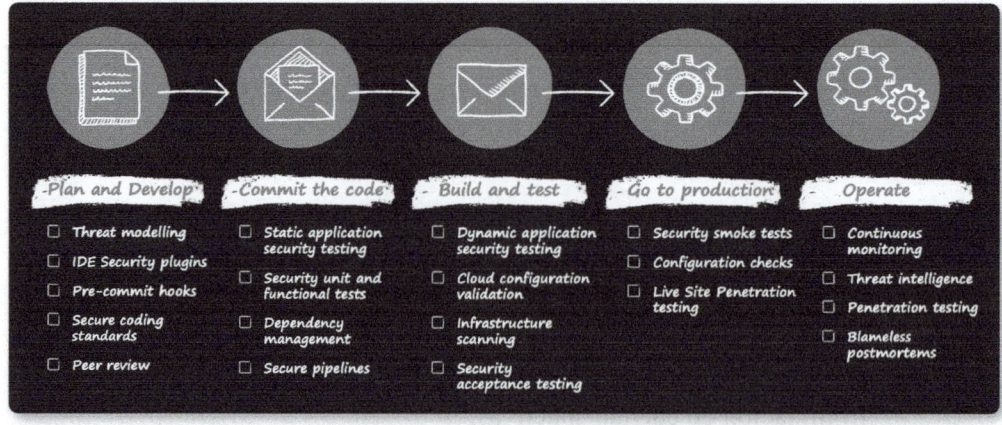

Este enfoque responde a la necesidad de desarrollar aplicaciones de forma ágil sin comprometer la seguridad, integrando controles y prácticas seguras en todas las fases: diseño, desarrollo, integración, despliegue y mantenimiento.

Principios de DevSecOps

- Seguridad integrada desde el inicio (shift-left security).

- Automatización de controles de seguridad.

- Colaboración entre desarrollo, operaciones y seguridad.

- Evaluación continua de riesgos y vulnerabilidades.

Ventajas

- Reducción de vulnerabilidades en producción.

- Detección temprana de fallos de seguridad.

- Mayor rapidez en el desarrollo seguro.

- Mejora de la calidad del software.

9.5.1 Integración de seguridad

La integración de la seguridad en DevSecOps implica incorporar prácticas y controles de seguridad en todas las fases del ciclo de vida del desarrollo de software (SDLC), desde el diseño hasta la operación.

Seguridad en el ciclo de vida del software

Fase de diseño

- Análisis de riesgos.

- Modelado de amenazas.

- Definición de requisitos de seguridad.

Fase de desarrollo

- Uso de código seguro.
- Revisión de código (code review).
- Aplicación de buenas prácticas.

Fase de integración

- Pruebas automatizadas.
- Análisis estático del código (SAST).
- Análisis dinámico (DAST).

Fase de despliegue

- Validación de configuraciones.
- Control de accesos.
- Protección de entornos.

Fase de operación

- Monitorización continua.
- Gestión de vulnerabilidades.
- Respuesta a incidentes.

Herramientas de seguridad

- Escáneres de vulnerabilidades.
- Herramientas SAST y DAST.
- Sistemas de monitorización.
- Herramientas de análisis de dependencias.

Importancia

Integrar la seguridad desde el inicio permite:

- Reducir costes de corrección.
- Evitar vulnerabilidades críticas.
- Mejorar la calidad del software.

9.5.2 Automatización

La automatización es un elemento clave en DevSecOps, ya que permite integrar la seguridad en los procesos de desarrollo sin ralentizar el ciclo de entrega.

Objetivo de la automatización

- Integrar controles de seguridad en pipelines de desarrollo.
- Reducir errores humanos.
- Aumentar la eficiencia.

Automatización en pipelines CI/CD

Los pipelines de integración y despliegue continuo (CI/CD) permiten automatizar tareas de seguridad como:

- Análisis de código en cada commit.
- Escaneo de vulnerabilidades.
- Verificación de dependencias.
- Pruebas de seguridad automatizadas.

Ejemplos de automatización

- Escaneo automático de código fuente.
- Detección de librerías vulnerables.
- Validación de configuraciones en cloud.
- Monitorización continua de aplicaciones.

Beneficios

- Mayor rapidez en el desarrollo seguro.
- Detección temprana de fallos.
- Reducción de riesgos en producción.
- Mejora de la calidad del software.

Retos de la automatización

- Complejidad en la integración de herramientas.
- Necesidad de formación especializada.
- Gestión de falsos positivos.

Importancia

La automatización permite que la seguridad sea un proceso continuo y escalable, adaptado a entornos modernos donde la velocidad de desarrollo es clave.

9.6 ACTIVIDADES

Actividad práctica 1. Identificación de riesgos en una organización

Objetivo: reconocer activos, amenazas y vulnerabilidades dentro de un entorno organizativo.

Enunciado: una empresa dispone de los siguientes elementos:

- Base de datos de clientes.
- Servidor de correo corporativo.
- Aplicación de gestión interna.
- Red Wi-Fi de oficina.
- Personal administrativo con acceso a información sensible.

Además, se han detectado las siguientes situaciones:

- Contraseñas débiles en varias cuentas.
- Equipos sin actualizar.
- Falta de copias de seguridad recientes.
- Acceso remoto sin MFA.
- Riesgo de phishing por correo electrónico.

Tareas:

1. Identifica cuáles son los activos principales de la organización.
2. Señala qué amenazas pueden afectar a esos activos.
3. Indica qué vulnerabilidades aparecen en el escenario descrito.

4. Explica la relación entre activo, amenaza y vulnerabilidad en dos ejemplos concretos.

5. Redacta una breve conclusión sobre por qué esta fase es esencial dentro de la gestión del riesgo.

Actividad práctica 2. Análisis y evaluación de riesgos

Objetivo: aplicar criterios de probabilidad e impacto para priorizar riesgos.

Enunciado: una organización ha identificado los siguientes riesgos:

▶ Infección por ransomware en equipos de usuario.

▶ Caída del servidor de correo.

▶ Robo de credenciales por phishing.

▶ Acceso no autorizado a datos personales.

▶ Fallo eléctrico en el CPD.

Tareas:

1. Asigna a cada riesgo un nivel de:
   - Probabilidad,
   - Impacto.

2. Clasifica cada riesgo como:
   - Alto,
   - Medio,
   - Bajo.

3. Elabora una pequeña matriz de riesgo relacionando probabilidad e impacto.

4. Indica cuáles deberían tratarse de forma prioritaria y por qué.

5. Explica qué ventajas aporta el análisis de riesgos a la hora de decidir medidas de seguridad.

Actividad práctica 3. Propuesta de tratamiento del riesgo

Objetivo: seleccionar estrategias adecuadas para gestionar riesgos identificados.

Enunciado: tras el análisis realizado, la empresa quiere decidir cómo actuar ante varios riesgos relevantes. Para ello, valora las siguientes estrategias:

▼ Mitigar.

▼ Evitar.

▼ Transferir.

▼ Aceptar.

Tareas:

1. Explica con tus palabras en qué consiste cada estrategia de tratamiento del riesgo.

2. Asocia una estrategia adecuada a cada uno de estos casos:

   • Uso de un sistema vulnerable que puede sustituirse,

   • Contratación de un ciberseguro,

   • Aplicación de MFA y cifrado,

   • Mantenimiento de un riesgo residual muy bajo.

3. Propón al menos una medida concreta de tratamiento para tres riesgos distintos.

4. Indica qué responsables deberían participar en la aprobación y seguimiento de estas medidas.

5. Explica por qué el tratamiento del riesgo debe revisarse periódicamente.

Actividad práctica 4. Diseño básico de una política de seguridad

Objetivo: comprender la función de las políticas de seguridad y su implantación en la organización.

Enunciado: la dirección de una empresa quiere redactar una política general de seguridad de la información que sirva como marco para todos los empleados y departamentos.

Tareas:

1. Elabora un esquema básico de política de seguridad que incluya:

   - Objetivo,
   - Alcance,
   - Principios de seguridad,
   - Normas de uso,
   - Control de accesos,
   - Gestión de incidentes,
   - Responsabilidades.

2. Explica por qué la política debe estar aprobada por la dirección.

3. Indica qué acciones serían necesarias para implantarla correctamente en la organización.

4. Propón dos mecanismos de seguimiento para comprobar su cumplimiento.

5. Explica qué consecuencias puede tener para una empresa disponer de políticas mal definidas o no aplicadas.

Actividad práctica 5. Aplicación de marcos de referencia y seguridad en cloud

Objetivo: relacionar el gobierno de la seguridad con estándares, cumplimiento y entornos cloud.

Enunciado: una organización está migrando parte de sus servicios a la nube y quiere alinear su seguridad con marcos reconocidos. Para ello, estudia ISO 27001, ENS y buenas prácticas de control de accesos en cloud. Además, está incorporando automatización y seguridad en su ciclo de desarrollo mediante DevSecOps.

Tareas:

1. Explica cuál es la finalidad de:

   - ISO 27001,
   - ENS.

2. Indica en qué se parecen y en qué se diferencian ambos marcos.

3. Explica qué significa el modelo de responsabilidad compartida en cloud.

4. Señala qué medidas de control de accesos aplicarías en un entorno cloud:

- IAM,

- MFA,

- revisión de permisos,

- principio de mínimo privilegio.

5. Explica cómo contribuye DevSecOps a mejorar el gobierno de la seguridad y la gestión del riesgo en el desarrollo de software.

9.7 CUESTIONARIO

1. **¿Qué es el riesgo en seguridad de la información?**
   a) Solo la probabilidad de un ataque.
   b) La combinación de probabilidad e impacto.
   c) El número de vulnerabilidades.
   d) El coste de los sistemas.

2. **¿Cuál es el primer paso en la gestión de riesgos?**
   a) Tratamiento del riesgo.
   b) Evaluación del riesgo.
   c) Identificación de riesgos.
   d) Auditoría.

3. **¿Qué elemento representa una debilidad en un sistema?**
   a) Amenaza.
   b) Impacto.
   c) Vulnerabilidad.
   d) Activo.

4. **¿Cuál de las siguientes es una estrategia de tratamiento del riesgo?**
   a) Monitorizar.
   b) Analizar.
   c) Transferir.
   d) Detectar.

5. ¿Qué documento establece normas de uso y protección de sistemas?

a) Informe técnico.

b) Política de seguridad.

c) Plan de red.

d) Registro de logs.

6. ¿Qué norma define un sistema de gestión de seguridad de la información (SGSI)?

a) RGPD.

b) ENS.

c) ISO 27001.

d) ITIL.

7. ¿Qué caracteriza al modelo de responsabilidad en cloud?

a) El proveedor gestiona todo siempre.

b) El cliente no tiene responsabilidades.

c) La responsabilidad es compartida.

d) Solo depende del hardware.

8. ¿Cuál es un mecanismo clave de control de accesos en cloud?

a) RAID.

b) DHCP.

c) IAM.

d) FTP.

9. ¿Qué significa DevSecOps?

a) Desarrollo sin seguridad.

b) Seguridad solo en producción.

c) Integración de seguridad en todo el ciclo de desarrollo.

d) Eliminación de controles de seguridad.

10. ¿Qué ventaja principal aporta la automatización en DevSecOps?

a) Reduce el uso de redes.

b) Elimina la necesidad de seguridad.

c) Detecta vulnerabilidades de forma temprana.

d) Sustituye a los desarrolladores.

RESPUESTAS

1. b

2. c

3. c

4. c

5. b

6. c

7. c

8. c

9. c

10. c

SÍGUENOS EN INSTAGRAM Y ACCEDE GRATIS A NUESTRA BIBLIOTECA DIGITAL DURANTE 30 DÍAS.

@grupoeditorialrama

¡ENVIANOS TU MAIL POR PRIVADO!

Grupo Editorial
ra-ma

40 ANIVERSARIO